VALÉRIE LAFORGE

Talons
et tentations

MUSÉE DE LA
CIVILISATION
Québec

FIDES

Cet ouvrage a été réalisé dans le cadre de l'exposition *Talons et tentations*,
du Musée de la civilisation, présentée du 7 novembre 2001 au 9 septembre 2002.

CHARGÉE DE PROJET DE L'EXPOSITION
Lise Bertrand, Musée de la civilisation

Le Musée de la civilisation remercie Régence Inc. (Blondo®, College®, Maple
Leaf®) pour sa participation financière à l'exposition Talons et tentations.

AUTEURE
Valérie Laforge

COORDINATION
Hélène Dionne, Musée de la civilisation

RECHERCHES ICONOGRAPHIQUES
Valérie Laforge
Claire Marcil

SUPERVISION ÉDITORIALE
Guylaine Girard

CONCEPTION GRAPHIQUE
Gianni Caccia

INFOGRAPHIE
Bruno Lamoureux

Données de catalogage avant publication (Canada)
Laforge, Valérie, 1961-
Talons et tentations
(Collection Images de sociétés)
Comprend des réf. bibliogr.
Publ. en collab. avec : Musée de la civilisation

ISBN 2-7621-2375-5

1. Chaussures — Aspect social. 2. Costume — Aspect symbolique.
3. Séduction — Aspect psychologique.
4. Ethnologie. I. Musée de la civilisation. II. Titre. III. Collection.
GT2130.L33   2001   391.4'13   C2001-941410-2

Dépôt légal : 4ᵉ trimestre 2001
Bibliothèque nationale du Québec
© Éditions Fides, 2001

Le Musée de la civilisation est subventionné par le ministère
de la Culture et des Communications du Québec.

Les Éditions Fides remercient le ministère du Patrimoine canadien du soutien qui
leur est accordé dans le cadre du Programme d'aide au développement de l'industrie
de l'édition. Les Éditions Fides remercient également le Conseil des Arts du Canada
et la Société de développement des entreprises culturelles du Québec (SODEC).
Les Éditions Fides bénéficient du Programme de crédit d'impôt pour l'édition de livres
du Gouvernement du Québec, géré par la SODEC.

IMPRIMÉ AU CANADA

Avant-propos

DU FOND du couloir, on entend des pas saccadés, le froissement du cuir mêlé au claquement des talons... Cet écho, vous l'avez reconnu sans même avoir vu son auteur ; vous connaissez cette personne, son pas est sa signature. Si la démarche d'une personne annonce sa présence, les chaussures qu'elle porte expriment sa personnalité. Les chaussures ont un langage qui leur est propre.

Le Musée de la civilisation a le plaisir de vous proposer une incursion dans le monde des apparences. Sans céder à la tentation, nous avons plutôt suivi notre inclination naturelle pour l'humain, ses gestes et ses expressions. Nous avons baissé momentanément les yeux pour fixer notre attention sur les chaussures.

Souliers, bottes et sandales habillent ou dévoilent le pied. La séduction lie sensualité et démarche en un pas de deux où sont retenus captifs le regard et l'émotion. Les vêtements et les chaussures nous introduisent dans un jeu de perceptions où tout le code social se décline. « Trouver chaussure à son pied ! » voilà bien l'œuvre de toute une vie. Au sens propre comme au figuré, cet adage cerne bien toute la signification du rôle qu'endosse le marcheur portant ses chaussures et celui de la personne qui le regarde. Entre eux s'installe un langage où s'échangent désir et besoin de communication. C'est à l'interprétation de ce jeu de messages visuels et sonores que l'auteure Valérie Laforge vous convie en signant Talons et tentations.

CLAIRE SIMARD
Directrice générale
Musée de la civilisation

Dessin : Manolo Blahnik.
Manolo Blahnik
de Colin McDowell, Cassell, 2000.
Reproduction : autorisation de Manolo Blahnik, Londres.

Préface

CORPS, COSTUME, COUTUMES. Ces trois réalités sont inséparables et extrêmement révélatrices pour l'étude des cultures. C'est pourquoi l'ethnologie s'y intéresse de près. Si « l'habit ne fait pas le moine », il livre toutefois bien des indicateurs, car le corps se modèle d'après les habitudes de vie. Les mots costume et coutume partagent d'ailleurs la même étymologie, le costume se définissant comme l'apparence réglée par la coutume.

Fruit de l'évolution humaine, le corps est dressé et toute la personne prend appui sur ses pieds. La chaussure qui les recouvre affirme le transfert de la nature à la culture, voire à la civilisation. Loin de n'être qu'un accessoire de l'habillement, la chaussure conditionne et modifie la démarche de chacun. Elle dégage des significations, modulées par le regard social et les contextes, qui dépassent les simples goûts personnels.

Valérie Laforge est une passionnée de chaussures. Sa formation d'ethnologue et l'expertise qu'elle a développée par sa pratique professionnelle dans les musées l'ont entraînée dans une aventure où l'ethnologie du corps et de l'apparence est devenue son champ de prédilection. Après s'être consacrée à différents thèmes touchant, entre autres, le corps et le costume, elle s'est engagée dans une étude doctorale pour démontrer une stratégie des apparences, en prenant pour exemple le pied et la chaussure. Sa recherche apporte un éclairage nouveau et une contribution originale à l'ethnologie, au Québec et au-delà. De sa thèse à l'exposition Talons et tentations, Valérie Laforge n'a jamais perdu pied.

JOCELYNE MATHIEU
Professeure d'ethnologie
Université Laval, Québec

« Nuit-d'Ambre en voyant ces fenêtres perchées sous le plafond s'était souvenu de ce que Roselyn lui avait raconté au sujet des pieds des passants, — des souliers de femmes particulièrement, et de leurs chevilles. » — Les gens pensent toujours que ça doit être très désagréable d'habiter en sous-sol, lui avait-il dit un jour, eh bien moi ça me plaît car je vois par centaines des pieds et des jambes de femmes. Et puis j'aime écouter le bruit de leurs talons pointus sur le trottoir. Ce bruit des pas qui s'approche, passe et s'éloigne, quand on y prête bien attention, ça devient aussi troublant qu'une voix. À force de voir tous ces pieds, d'écouter tous ces pas, j'ai fini par pouvoir deviner à chaque fois quel genre de corps s'élance au-dessus, quel type de femme, et même parfois par imaginer leur visage, leurs yeux. As-tu remarqué comme la démarche et la résonance des pas s'accordent avec le regard ? Il m'est arrivé plusieurs fois de tomber amoureux de femmes dont je n'avais vu que les pieds et les chevilles. Elles marchaient d'un pas vif... si vif, si joli... J'aurais rougi de voir leurs yeux ! « Mais cette nuit-là nulle femme n'était venue faire résonner le bruit troublant de ces talons le long du soupirail. »

Sylvie GERMAIN, Nuit-d'Ambre, Paris, Gallimard/Lacombe, 1987, p. 249.

Introduction

Chaussures et apparence

L E RYTHME de la marche, les mouvements du corps qu'elle occasionne, les parties du corps qu'elle sollicite, provoquent toute une gamme de réactions, de sensations et de comportements chez le marcheur. La démarche est partie intégrante de l'être et, de même qu'il n'y a pas deux humains rigoureusement identiques, il ne peut y avoir deux démarches exactement semblables. Signature, emblème personnel, la démarche est une expression de soi, un critère de personnalité. Sans que je le sache ma démarche me caractérise. J'ai un rythme bien à moi. Il produit une sonorité unique qui m'appartient, que l'on pourrait authentifier par un sceau portant mon nom.

Le fait d'être chaussé modifie la posture de mon corps, mon appréhension du monde et ma démarche. Le bruit de mon pas chaussé, prenant part à ma démarche, à ma représentation personnelle, participe bel et bien au phénomène du paraître.

Dans l'écho de mon pas, toute une musique résonne, celle de ma présence. Que dit-elle, cette résonance, si les regards affluent sur l'origine de mon bruit : mes chaussures ? Ainsi, par elles, je m'offre aux regards. Avec mes chaussures couvrant mes pieds, je me dévoile. Ma chaussure est une clé, une solution de l'énigme que je suis. Elle dit mon âge, mon statut social, ma richesse, mon occupation ; elle parle de moi.

La chaussure est un assemblage de formes, de styles, de couleurs, de matériaux ; la hauteur du talon, le type de semelles, l'usage qu'on veut en faire, tous ces critères interviennent dans le choix d'une chaussure. Le choix d'un style particulier correspond aux messages que je veux faire passer. Dans mon désir de plaire, ma chaussure doit avoir un pouvoir d'attraction, voire de séduction. Elle exprime un langage. Si je porte une chaussure qui s'identifie à un certain discours, c'est ma personne tout entière qui est engagée dans ce discours.

Est-ce vraiment à mon insu qu'elle cause de ma personnalité et de ma relation au monde? En réalité, elle raconte à sa manière une histoire très ancienne dont les racines sont implantées dans l'essence de l'humanité, tissées à même sa fibre. Tout commence avec un immense désir de plaire, qui se pare et se colore, qui se vêt ou se dévoile à demi, qui charme et qui courtise afin d'attraper dans ses filets la proie qui étanchera cette soif inextinguible et apaisera ce besoin insatiable d'être aimé.

L'apparence, l'expression de la présence

À l'énoncé de René Descartes «Je pense donc je suis», Jean-Paul Sartre répond «On me voit donc je suis». Cette réplique toute simple, résume à elle seule la problématique de l'apparence et l'idée même du paraître. D'abord, elle établit l'évidence que le seul fait d'exister suppose une présence physique, une dimension concrète de l'être. Puis, elle pose la question fondamentale du regard social sur l'individu : d'une part, le seul fait d'être vu confirme l'existence ; d'autre part, le regard de l'autre critique, motive et justifie cette existence, par ce qu'il en perçoit. La présence ainsi manifestée s'impose dans l'épaisseur de son apparence. La culture charge cette pré-

Mocassin en satin marron, brodé de velours et de perles mordorées, orné d'une boucle de strass, petit talon bobine carré et recouvert de satin brodé sur l'arrière.
Hellstern & Sons, 1900-1910.
Musée de la Mode et du Textile, Paris, coll. UFAC, UF 54-54-5.

sence de symboles et colore de sens les rapports sociaux, dont la séduction est sans doute un des plus riches.

L'apparence est la *face qu'offre chaque individu à la perception sensorielle de l'autre*[1]. Cette définition met en évidence la contribution des sens dans la compréhension de l'apparence. Il ne s'agit pas de saisir ce qui est perceptible par le seul regard mais bien par tous les sens à la fois. L'apparence se construit donc à partir de ce que la présence de l'autre éveille en nous. La présence se définit comme le fait d'être dans un lieu donné et dans un temps défini. Elle est également un indicateur de la capacité de manifester sa personnalité avec force et intensité. Elle révèle le caractère, la prestance, l'attitude qui englobent tous les éléments du paraître.

Ainsi, sous le regard de l'autre, l'apparence devient une mise en scène élaborée de la manière de se présenter, de se représenter. La tenue vestimentaire, les chaussures, la coiffure, les soins du corps, les cosmétiques participent à cette représentation quotidienne qui varie selon les circonstances. Elles définissent le style de cette présence. Outre la présentation physique, c'est également une présentation morale de soi qui s'expose. Le regard de l'autre évalue, selon un système de correspondances culturelles et sociales, les valeurs exprimées par l'apparence et la présence. Décodées, elles sont soumises au jugement, aux préjugés bien souvent, et inscrites dans une catégorie sociale ou morale en fonction d'un détail de la tenue.[2]

Michèle Pagès-Delon affirme que l'apparence est « ce par quoi les choses à la fois se donnent et se masquent[3] ». C'est en fonction de sa nature propre — ses goûts, son appartenance sociale et culturelle, ses idées, son occupation, son âge, etc. — que l'individu se met en scène avec les artifices de son choix. Une part de soi se livre à travers le masque, à travers la *valeur ajoutée* sur le corps, maquillage, vêtements, parures jouant tous à leur façon des rôles d'indices, de symboles de l'identité. Au premier regard, une simple description de ce que l'on voit demeure superficielle. L'utilisation des termes *jeu* et *stratégie* à propos de l'apparence véhicule d'ailleurs l'idée que celle-ci offre une profondeur de champ beaucoup plus substantielle que ce qui apparaît en première analyse. L'apparence laisse deviner en réalité une pesanteur et une ambivalence qui nourrissent son caractère paradoxal, s'exprimant dans le fait d'être, la présence, et dans le fait de paraître, là où s'amorce l'ambiguïté, où se confrontent artifice et nature, illusion et réalité, fausseté et

authenticité. Elle s'inscrit à l'intersection de la surface et du fond. Elle ouvre la voie vers une connaissance plus approfondie de l'autre. Elle en est l'interface.

Fausse ou artificielle, l'apparence a néanmoins rapport au vrai et à l'authentique en ce qu'elle en est un chemin, même détourné. L'art est alors non plus de condamner mais de déchiffrer. Il s'agit d'apprendre à reconnaître des significations et à saisir des correspondances secrètes. L'ambivalence gagne en épaisseur n'invitant plus au rejet mais à l'interprétation[4].

Les maximes relatives à l'apparence expriment bien cette ambivalence et cette épaisseur : « On ne doit pas se fier aux apparences », ou, « les apparences sont parfois trompeuses » suivent bien ce shéma de pensée. Si l'habit ne fait pas le moine, il permet du moins que l'on en joue le rôle. Dans ce jeu de rôle s'inscrit en creux toute une dimension du réel où l'artifice se meut en langage codé. ❖

Sandale en soie et cuir. Plate-forme de liège recouverte de velours rouge et décorée de métal et de strass. Créée pour la Maharani de Cooch Behar. *Salvatore Ferragamo, 1938. Gracieuseté du Musée Salvatore Ferragamo, Florence.*

La perception
sensorielle

L ES MESSAGES TRANSMIS et reçus s'expriment et se compren-
nent avant tout par le corps, par le truchement d'une esthésie
réciproque. Impressionniste, intuitif, le langage des sens s'apprend
et s'expérimente à la faveur d'un conditionnement social. On ne perçoit que les dimensions qui nous sont familières. «Connaître c'est
toujours de quelque façon reconnaître, même lorsqu'il s'agit de cette
réalité impalpable, infracorporelle qu'est la sensorialité[1]. »

Le regard et la vue

De tous les sens, le regard est
aux premières loges. Les
sociétés occiden-
tales contem-
poraines se
définis-
sent comme des sociétés de
l'image, ce qui confirme la prédominance
du regard au détriment de tous les autres
sens. Lorsque le regard s'abaisse au ras du
sol, il bute contre un objet qui l'attire et le
séduit. Dans le contexte de la vie quoti-
dienne, au sens de la vue s'ajoute l'émotion qui envahit, l'impression. La chaussure provoque des réactions du corps tout entier. Ses
formes tantôt fines, tantôt frustes, souvent courbes et sinueuses, ses
matières somptueuses, brillantes ou d'une simplicité inouïe, susci-
tent une appréciation que seul le sens de la vue peut amorcer.

*Escarpins du soir Hellstern and sons en satin crème,
brodés de soie rose et vert, bout carré, ruban se nouant
à la cheville, talon carré.*

Hellstern and sons, vers 1910.

Musée de la mode Galliera, Paris, 1970.076.007 A/B.

Photo : Pierrain/Photothèque des musées de la ville de Paris.

Le regard joue un rôle considérable dans les stratégies de l'apparence. De tous les sens, il est celui qui motive le paraître car, dans
le regard de l'autre, il y a aussi le reflet de sa propre personne. Le
jugement porté sur l'autre peut se construire sur un simple regard,
attiré par un seul élément de l'apparence, un élément déclencheur
où se concentre l'identité symbolique de l'individu, sa chaussure. Le
regard ainsi posé sur la chaussure ouvre une brèche sur l'intimité et
sur l'identité du porteur, sur la qualité de sa présence.

Le croisement des regards offre quant à lui des perspectives différentes. L'observateur n'est plus observé à son insu, mais son

regard rencontre celui de l'autre. L'œil médiateur amorce un échange, installe une réciprocité immédiate et pure. « Tout le commerce des hommes, leurs sympathies ou leurs antipathies, leur intimité ou leur froideur seraient transformées d'une façon inappréciable s'il n'y avait pas d'échange entre les regards[2]. » En effet, toutes les gammes d'émotions se lisent dans les regards. La façon de regarder imprime à l'œil une tonalité, une expression qui établit le lien véritable, la communication. Celui qui regarde en cherchant à saisir se dévoile par son propre regard dans l'œil de l'autre. Le sentiment de gêne, de honte fait détourner le regard, baisser les yeux afin d'éviter la rencontre inquisitrice de l'œil d'autrui.

> En baissant les yeux, j'enlève à celui qui me regarde un peu de la possibilité de me découvrir. Mon regard en croisant le sien lui servirait à me reconnaître tout autant qu'il me servirait à le reconnaître : sur la ligne qui relie nos yeux le regard transporterait de l'un à l'autre la personnalité, l'état d'âme, l'impulsion propre à chacun de nous. Celui qui ne voit pas l'autre échappe en effet jusqu'à un certain point à ses regards ; il n'est présent qu'à moitié et, pour que sa présence soit complète, il faut qu'il y ait eu un échange de regards[3].

Le regard est une puissance. Sa tactilité est reconnue. Le langage l'atteste sur tous les tons : « On caresse, fusille, fouille du regard, on force le regard d'autrui ; le regard est pénétrant, aigu, tranchant, acéré, cruel, indécent, caressant, tendre, mielleux ; il transperce, il cloue sur place ; les yeux glacent, effraient ou bien, on lit en eux la trahison[4]. » En réprouvant le fait de dévisager, le savoir-vivre indique l'importance de la morale à préserver, de l'intimité à respecter. Dans le regard s'inscrivent le jugement, le mépris, la désapprobation, l'indiscrétion, l'intimidation.

Le son et l'ouïe

> Il aimait les petits sabots de mademoiselle Emma sur les dalles lavées de la cuisine ; ses talons hauts la grandissaient un peu, et, quand elle marchait devant lui, les semelles de bois, se relevant vite, claquaient avec un bruit sec contre le cuir de la bottine[5].

La sonorité d'une chaussure participe à cette présence et sollicite l'ouïe dans l'appréhension sensorielle de l'autre. Contrairement à l'œil, l'oreille est passive et prend sans rien donner en retour. Elle

Salomé en cuir noir avec application de grecques en peau blanche, pattes croisées retenues par un bouton de nacre et bracelet de cheville, bout pointu, talon Louis XV à section pentagonale.

Anonyme, vers 1920.

Musée de la mode Galliera, Paris, 1983.111.018 A/B.
Photo : Pierrain/Photothèque des musées de la ville de Paris.

enregistre les sons, elle est condamnée à capter toutes les fréquences qui l'envahissent. Mais, pour bien entendre, il faut parfois baisser les yeux. Ce que l'oreille perçoit dans la sonorité des pas, c'est une présence. En effet, un lien inextricable unit chaussures et sons. La chaussure habille le pied et produit (ou non) un son sur le sol, des notes éparses lancées dans l'écho, les pas. Cette sonorité fait appel à la cadence de la démarche aussi bien qu'au type de chaussures portées. Chaque démarche produit une sonorité inédite. Avant même de l'avoir vu, on reconnaît quelqu'un au bruit et au rythme de ses pas. La démarche varie selon le sexe, le poids, l'état d'âme.

> Peut-être avait-il voulu dire à son petit-fils : « Quand tu seras là-bas, va au Parc Monsouris, et prête bien l'oreille aux bruits des pas de femmes marchant sur les graviers. Car je suis sûr que le sien doit s'y entendre encore. Moi, je l'entends toujours. Son pas si souple et calme, dans les allées du Parc, dans les rues de la ville, dans le quartier d'Auteuil, le long des quais [...]. Ton pas, Ruth ! Ton pas en moi, à chaque instant, mais tes talons déchirent mon cœur, martèlent ma mémoire et la percent de trous [...][6]. »

Avant même d'attirer les regards, la sonorité de la démarche interpelle l'ouïe. Le roulement du talon à la pointe qui définit le pas et la marche s'exécute en continu et se compacte en un effet sonore. Résonance d'un contact, impact du pas sur le sol, le son produit occupe l'espace quelque temps et meurt. Un autre, apparemment identique, survient, chevauche le premier, emplit l'écho et passe à son tour. Il introduit le marcheur. Il indique son apparence imminente ou signale son passage, laissant planer dans l'espace sa trace sonore et vibrante. Bien qu'apparemment inaperçues, sa présence et son existence sont ainsi confirmées. Le son suit le pas et s'efface avec lui. À l'occasion, son sillage sonore dénonce le marcheur, le trahit. Il ne le quitte pas. La sonorité de l'autre produit le même effet. Dans un lieu désert, immobile, quelqu'un traverse l'espace et brise le silence par cette pulsation. L'endroit alors vibre et s'anime. L'effet immédiat modifie la perception de ce lieu, certifie la présence d'autrui, la qualifie, assure de la réalité de la scène. La sonorité de l'autre authentifie aussi l'existence de celui qui entend, l'introduit dans une certaine dimension de la réalité. Elle est comme un appel lancé à autrui, lui signifiant sa présence, confortant l'image qu'il projette, son reflet, la simple idée qu'il vit.

Sandales de satin rose, semelles argent.
Jimmy Choo, 1998.
Victoria & Albert Museum, Londres, T.284 :1&2-1998.

C'est le talon qui donne le ton à la démarche. Premier point d'impact sur le sol, il est responsable de sa sonorité. La deuxième tonalité, celle de la pointe, semble secondaire dans le bruit global de la démarche. Le talon supporte la musique et constitue la véritable colonne de résonance de l'effet sonore. Sur la pointe du pied s'installe avec précaution le silence.

Sur le sol s'imprime et résonne aussi le son des émotions. Le flâneur se traîne les pieds et l'impact sonore de ses pas le traduit bien. Le rythme de ses pas s'accorde à son état d'esprit, à l'humeur de l'instant. À un autre moment, le temps le presse, l'oppresse,

Mocassins mohawks, empeignes perlées,
rabats de feutre noir bordé d'un ruban rouge.
Musée de la civilisation, Québec, 88-2736.
Photo : Jacques Lessard.

le bouscule : le rythme de ses pas s'accélère, leur cadence évoque bien cette hâte. Ailleurs, dans l'attente d'un rendez-vous, il fait le pied de grue, piétine le sol, fait les cent pas, puis trépigne d'impatience. Il repart d'un pas décidé, agressif. On entend bien son talon marteler le sol. On y mesure l'intensité de sa hargne. La colère, en d'autre temps, le fait taper du pied. Il ne peut taire ses émotions, ses états d'âme à moins de se soustraire du monde à tire-d'aile.

À d'autres moments du jour, loin de la foule et des regards, les chaussures sont plus silencieuses, moins tapageuses. On peut les choisir pour rester dans l'anonymat, pour passer inaperçu, fendre l'air incognito. Ces chaussures s'associent davantage à la notion de confort par les matériaux choisis, la forme et la confection. Le mocassin amérindien, la botte inuite ont une sonorité discrète. À l'origine, ils se fondaient dans l'environnement qu'ils ne voulaient pas brouiller par quelque dissonance risquant d'alerter le gibier ou l'ennemi. Ce type de chaussures participe paradoxalement à une forme de camouflage. Il permet aux nomades une marche agile et rapide. C'est par son décor qu'il attire le regard et répond aux critères de l'apparence.

Le mocassin s'associe à une chaussure d'intérieur dans la mentalité occidentale. Il connaît une permanence spectaculaire, une incroyable longévité. Bien que les transferts culturels, l'industrie, le monde de la mode avec ses excès et ses fantaisies l'aient modifié, il est toujours associé à la détente et au confort. Le terme *loafer*, de l'allemand *Landläufer* que l'on traduit par flâneur, désigne précisément la chaussure que les Français appellent toujours mocassin. L'usage québécois consacre le terme *loafer* bien que l'Office de la langue française le traduise par flâneur. On le définit comme une chaussure souple et à semelle fine que l'on sent à peine au pied. On dit encore que le *loafer* est idéal pour une tenue décontractée. On l'enfile sans complication, simplement en y glissant le pied, d'où le nom de *slippers* tiré de l'anglais *to slip* qui signifie glisser.

En pénétrant plus avant dans la civilisation, le mocassin a acquis un indice sonore plus élevé. Son caractère décontracté de flâneur

Mocassins en peau fumée, brodés de perles.

Cris, Manitoba.

Musée de la civilisation, Québec, coll. Coverdale, 68-3234. Photo : Jacques Lessard.

Première chaussure portée en Amérique du Nord, le mocassin est une chaussure basse en cuir de daim non tanné, souple et doux, coupé d'une pièce et à couture unique, composée d'une semelle relevée et cousue sur une pièce posée sur le dessus du pied. Pendant la période coloniale, les Américaines abandonnaient volontiers, en rentrant chez elles, leurs chaussures à semelles rigides pour des mocassins. Les Amérindiennes réalisèrent des mocassins destinés à cette nouvelle clientèle, en les doublant de tissus et en leur ajoutant des rubans de soie ou des décorations de perles. ❖

Photo : Hervé Bacquer.

associé à la détente lui confère une sonorité en sourdine, suggère même un certain glissement, le pas traînant des gens peu pressés ou encore le piétinement doux et lent, à la limite, l'immobilité silencieuse du contemplatif. Le mocassin connaît bien sûr des versions plus sophistiquées, plus bruyantes, plus sociales pour les gens pressés, occupés, à la démarche rapide et saccadée.

Pour passer inaperçu, on pourrait encore porter, comme les paysans espagnols le faisaient autrefois, des *alpargatas*, chaussons légers à semelles tressées en feuilles d'alfa. Au début du XXe siècle, les élégantes de la Côte d'Azur adoptent ces chaussons, qui sont

Espadrilles Eddie Bauer.
Chaussures. Une fête : escarpins, sandales, chaussons... *de Linda O'Keeffe, Könemann, 1997. Reproduction.*

18

alors mieux connus sous le nom d'espadrilles, autre chaussure-sourdine associée à la détente et à la décontraction.

La pantoufle et la mule, peu bruyantes, voire silencieuses, du moins à l'origine, sont également des chaussures associées à la détente, au privé, alliant elles aussi confort et souplesse et permettant de conserver un silence autour de soi. On porte ces chaussures quand il n'est nul besoin de se faire voir, parce qu'il n'y a pas de regards à solliciter, là où le silence est propice au recueillement et à l'écoute.

Si la sonorité des pas indique bien la présence, celle qui résonne et émane de la démarche de la femme élégante portant talons hauts peut encore induire sa part de fantasme. La sonorité précise de ces talons attire les regards lubriques et fait naître le désir.

Sabots de bois en une pièce.
Musée de la civilisation, Québec, 65-76.
Photo : Jacques Lessard.

Thérèse marchait vers lui, droit sur lui, et le bruit de ses talons résonnait dans le mur, se répercutait dans tous les sous-sols de la ville. Était-ce donc cela que les manifestants venaient d'exhumer à force de dépaver les rues, — ce bruit fou de pas de femme en souliers verts, ce pas de femme frappée de stupeur, de douceur, ce pas de femme belle à en perdre la raison ? Était-ce donc là l'enjeu de toute cette lutte lancée par la jeunesse armée de cris, de pierres et de chansons — ce simple pas de femme en talons hauts martelant le silence souterrain de la ville pour le propager partout à travers la terre — à travers terre et corps, et entre les vivants et les morts ? Ces pas de femme foulant le cœur, le sang des hommes, froissant leurs muscles et leurs nerfs, pour les dévaster de désir ? Ce pas de femme résonnant jusqu'au-dedans de la bouche pour y briser toute parole, y creuser une faim, une soif, à jamais inapaisable. Ce pas de femme dans la bouche devenant proie d'un amour fou, devenant gouffre hanté de cris et de baisers[7].

La sonorité de la chaussure permet également de faire le pas qui amène de la démarche à la danse. La danse est une orchestration musicale des pas. Selon les circonstances, certaines danses s'exécutent au rythme des sons produits par les chaussures du quotidien comme les sabots, originellement chaussure de protection, symbole du travailleur dans les sociétés traditionnelles. En revanche, les chaussures associées à la danse s'immiscent dans les usages,

Marie-Thérèse d'Autriche.

Hyacinthe-André Rigaud. Huile sur toile.

Musée de la civilisation, dépôt du Séminaire de Québec, 1991.475.
Photo : René Bouchard.

comme les chaussons de ballet, symbole de féminité suprême, deve-
nus ballerines de soie pour les soirées de bal du XIXe siècle, puis ballerines de ville dessinées par Cappezio et lancées par Clair McCardell
dans les années 1940 et popularisées par Audrey Hepburn et Brigitte
Bardot dans les années 1950. Parfois, un style de chaussure naît d'un
mouvement musical, comme l'attestent les *spectators*, chaussures
bicolores se déclinant en noir et blanc. Elles ont vu le jour avec l'avènement du jazz dans les années 1920, qui réunit sur scène et chez le
public amateur autant de Noirs que de Blancs. La chaussure bicolore
manifeste une appartenance à un groupe ayant adopté le style jazz
décontracté.

« Spectators » en cuir marron et crème.
Nicklish French, vers 1914.
Gracieuseté du Bata Shoe Museum, Toronto, S86.149.ab.

L'odorat, le toucher et le goût

Freud associe le recul de l'odorat au développement de la civilisation. « En se verticalisant, l'homme se défait de son allégeance à l'olfaction, il se distingue du règne animal et ce changement de régime vital l'amène à privilégier la vue. Analyse significative d'un temps et d'une société qui inscrivent l'odorat et la vue aux extrêmes de la hiérarchie sensorielle[8]. »

Le sens de l'odorat se développe différemment selon les nécessités, l'environnement, les occupations et les sensibilités. La mémoire olfactive est particulièrement étrange. Elle peut parfois être à l'origine de réminiscences, de souvenirs enfouis et pratiquement oubliés, que, soudainement, un effluve fait surgir. L'odeur à ce moment prend une dimension différente et connaît une valorisation inédite. Les odeurs imprègnent les lieux et les époques, s'associent à des événements qu'elles seules ont le pouvoir de faire revivre. « Les odeurs explosent doucement dans la mémoire, telles des mines dormantes sous l'ivraie que multiplient les années et l'aventure de la vie[9]. »

L'odorat contribue à l'identification d'une présence. En effet, le corps diffuse une odeur naturelle qui lui est propre, indépendamment de la façon dont on se lave ou se parfume. L'odeur qu'émet chaque corps est une signature et elle intervient dans tous les échanges avec autrui. Pour l'enfant, l'odeur de la mère est unique et réconfortante. L'odeur relève de l'intime et son extension hors de soi est soumise aux barrières des déodorants. « On ne supporte pas plus de sentir l'autre que d'être senti par lui[10]. » Nous n'avons pas toujours conscience des odeurs qui nous environnent, pas plus que de la façon dont elles influencent la tonalité de nos comportements avec les autres. En règle générale, les odeurs sont chargées d'une connotation négative. Elles sont d'ailleurs mises à contribution pour qualifier de mauvais rapports à autrui : « je ne peux pas le sentir » et « il me pue au nez ».

Dans les sociétés occidentales, les odeurs n'occupent pas une position esthétique, contrairement à d'autres sociétés qui ont poussé loin l'art des parfums. Les odeurs accompagnent le corps au fil du quotidien. Elles agissent dans l'inconscient et sont socialement suspectes et refoulées. L'odorat est donc ce sens qu'on ignore, que l'on passe sous silence à moins qu'il ne soit à l'origine d'une connivence.

Cuissarde en daim noir, partie supérieure de la tige entièrement brodée de perles nacrées fumées, bord festonné et gansé de chevreau fumé métallisé, petit talon recouvert.
Andrea Pfister, hiver 1986-1987.
Gracieuseté du Musée International de la Chaussure, Romans, coll. Pfister, 94.22.435.

« Dans l'espace social, on recherche le silence olfactif à travers un recours considérable aux déodorants ou aux désodorisants[11]. » Le façonnement olfactif, en lutte contre les odeurs corporelles et contre l'affirmation à travers les parfums, dentifrices, savons, déodorants, contribue à la mise en jeu du corps et s'ajoute à la construction de l'apparence.

Si les parfums ajoutent un arôme complice aux jeux de la séduction, les odeurs corporelles des amants provoquent non seulement un désir réciproque mais contribuent également au plaisir. « Dans une lettre célèbre, Napoléon demandait à Joséphine de ne pas se laver pendant les deux semaines qu'il passerait loin d'elle. Ainsi pourrait-il profiter de tous ses arômes naturels[12]. » Était-ce cette odeur du désir que Flaubert sous-entendait en disant : « Je jette un regard sur tes pantoufles. Je les aime comme je t'aime. [...] Je respire leur parfum, un parfum de verveine[13] » ?

L'odeur singulière du cuir d'une chaussure neuve fait partie des odeurs typées et bien connues. Le plaisir sensuel éprouvé à sentir l'odeur de cette peau quelque peu dénaturée, sur celle de son pied, ajoute au simple plaisir de changer son apparence en portant une chaussure neuve. Il y a dans ces relents de peaux tannées, traitées, une certaine réminiscence animale. L'odeur se mêle au toucher. Le cuir étant ni plus ni moins que de la peau, il possède toutes les qualités tactiles liées à la sensualité. Il existe une relation étroite entre le cuir et la peau qui remonte aux débuts de l'humanité. Matière première à tous les niveaux de la subsistance, l'animal — son cuir et sa peau — a de toute évidence été le choix qui s'est imposé pour habiller le corps. Depuis les temps préhistoriques, le cuir fait partie de notre existence sensorielle, il agit à la manière d'une seconde peau.

> Le cuir, traditionnel dans la chaussure, a une qualité érotique particulière au toucher, à l'odorat et à la vue. Les mêmes qualités que la peau des êtres humains, qui, à son tour, joue un rôle direct dans l'attraction sexuelle. [...] Le Dr Ernest Dichter déclara que si les hommes aiment l'odeur du cuir, c'est à cause de son odeur masculine et que les femmes aiment le toucher à cause de sa douceur qui a une qualité féminine. Le cuir, ajouta-t-il, a un charme sensuel universel, que n'a aucune autre substance[14].

Le cuir, comme la peau humaine, a des veines, des rides, des pores. À l'instar de la peau, il épouse tout mouvement du corps, se dilate et se contracte aux changements de température et d'humidité. Il est reconnu que le cuir *respire* afin de maintenir la température du corps et du pied.

La fascinante sensualité de la peau stimule tous les sens à la fois. Elle sollicite le toucher. La peau attire la peau. Elle appelle la douceur, la chaleur, le réconfort. La peau appelle la vie et l'amour. Elle sollicite encore l'odorat et le goût. Elle enchante tous les sens, les séduit et les envoûte.

Le cuir dont on se vêt n'est ni plus ni moins qu'une peau dont on a resserré le derme par tannage. Ces peaux de bœuf, de buffle, de vache, de porc et même de cheval, ou, plus fines encore, de mouton et d'agneau, de vachette et de veau, de chèvre et de chevreau, de cerf, de pécari, de kangourou et enfin celles des reptiles et des autruches qui connaissent un regain dans la mode actuelle, sont d'abord refendues, c'est-à-dire coupées dans le sens de l'épaisseur afin d'en obtenir deux couches : le *côté fleur* — soit la partie externe, celle de la fourrure — est le seul à s'appeler *cuir*. Le cuir *pleine fleur* est un cuir d'excellente qualité, sans défaut, auquel on laisse la fleur d'origine. On serait presque tenté d'associer fleur à pureté et par extension à virginité. Le terme appelle encore l'odorat et la finesse des parfums qui se dégagent de la fleur végétale. En revanche, le cuir *fleur corrigée* ou *rectifié* est un cuir comportant plus de défauts et qui a subi un ponçage de la fleur. Le *côté chair* est la partie interne. Il n'a pas droit à l'appellation *cuir* mais à celle de *croûte de cuir*.

Le *daim* ou *suède* est une peau de chèvre refendue très mince (on n'utilise que la fleur). De même, le veau et le porc deviennent velours, toutes ces peaux ayant subi un traitement de chamoisage à l'huile de poisson et un ponçage ou une abrasion. Le glaçage ou le satinage s'obtient par un repassage sous la plaque lisse et chaude d'une machine qui écrase le grain de la peau et le polit plus ou moins après une pulvérisation aux cires siliconées. Les cuirs grenus ou à l'imitation du reptile subissent un gaufrage à chaud. L'utilisation des huiles dans les procédés d'assouplissement des peaux permet d'obtenir des cuirs d'une grande souplesse, soyeux au toucher et à fleur extrêmement lisse.

Escarpins en taffetas vert amande, brodés de paillettes dorées et fil d'or à décor de feuillage, bout pointu très effilé, petit talon incurvé.

Anonyme, vers 1795.

Musée de la mode Galliera, Paris, 1920.001.613.
Photo : Pierrain/Photothèque des musées de la ville de Paris.

Ainsi tannée, assouplie, poncée, lissée, huilée, cirée, gaufrée, glacée, satinée, la voilà prête, soumise aux plaisirs : ceux du créateur de chaussures, riches de ses audaces, de ses fantaisies, de son savoir-faire ; ceux du consommateur, rempli de ses désirs, de ses fantasmes et de ses caprices. Il y a le plaisir pur du peau contre peau, celui plus aérien de la forme et, enfin, celui plus ostentatoire de la parure. Au-delà de ces plaisirs, il y a celui de séduire, d'éveiller les sens, le plaisir de l'apparence comme un jeu destiné précisément à la sollicitation de l'appréciation sensorielle. Ce qu'éveille en nous l'apparence de l'autre, la façon dont nous réagissons à la présence d'autrui et sa réaction réciproque, mettent bien en jeu le rapport à la sensorialité et à la séduction. Tous les sens sont en éveil. Le sens du goût, bien qu'étant le moins esthétique, est intimement lié à l'odorat. Le goût s'associe à l'appétit, à l'envie, au désir suscité par l'action combinée d'un autre sens tel que la vue ou l'odorat. La présence de l'autre fait réagir le goût comme un désir de l'autre, l'appétit de sa peau.

La parure et l'ornementation participent grandement à cet appel de tous les sens. Elles apparaissent selon Flügel comme étant les grandes motivations à l'origine du vêtement, bien avant la pudeur ou la protection. Aussi, en matière d'ornementation, il n'y a pas de limite. Les ornements somptueux qu'arborent les chaussures de toutes les époques en témoignent avec éloquence. Les Romains doraient et ouvrageaient leurs sandales. Les cours médiévales étaient élégantes et férues de mode. L'ambition des princes se manifestait par la splendeur vestimentaire,

La matière.
Centre des métiers
du cuir de Montréal.
Photo : Laurence Drubigny
et Diane Tremblay.

notamment par des souliers de cérémonie ruisselant de pierreries. Au XVIe siècle, on utilisait le velours et la soie. Depuis le XVIIIe siècle, les matériaux varient selon le sexe. Alors que les chaussures d'hommes sont surtout en cuir, les chaussures féminines emploient des brocarts, velours, satins, moires, laines, tapisseries, verroteries, pierreries, métaux précieux tels que l'or et l'argent. Au XIXe siècle, le jais et la dentelle furent davantage en vogue.

Au cours du XXe siècle, l'utilisation de peaux de poisson ou d'autruche, voire de tortue, constitue une véritable innovation. Presque toutes les peaux de reptiles et tous les types de fourrures ont été essayés.

Notons encore que le crocodile, le lézard, et en général les peaux de reptiles ont retrouvé une vogue que leur rareté, depuis que la guerre leur avait fait perdre, et que l'on en fait des ensembles de couleurs diverses particulièrement réussis ; [...] les ensembles de daim, d'antilope ou de veau velours, atteignent aujourd'hui une perfection et une variété inouïes[15].

Par ailleurs, la surface de la chaussure a souvent été imprimée ou peinte. Ainsi, Ferragamo peignait des souliers dans les années 1930 et, de nos jours, Tokio Kumagai les décore à la main dans le style des grands artistes contemporains comme Dali ou Mondrian.

Les cuirs fins et exotiques, les satins, brocarts et velours sont agréables au toucher, ce qui renforce le plaisir de les porter. Cette ostentation du décor et l'usage de matériaux riches et somptueux contribuent dans une large mesure au magnétisme inhérent à cet objet de séduction qu'est la chaussure. L'agencement raffiné de richesses et de parures véhicule encore tout un discours identitaire associé au pouvoir. ❖

2

Les chaussures et le pouvoir

L A CHAUSSURE, de façon générale, est un symbole de *civilisa-tion*. « L'homme civilisé est un animal chaussé[1]. » L'histoire de la chaussure se confond en effet avec celle de l'évolution de l'humanité.

Davantage encore que les autres pièces de l'habillement, la chaussure, témoin de notre histoire culturelle, économique et technique, nous parle des goûts, des caprices ou des nécessités de son époque, de son environnement, du niveau de vie. [...] Elle peut nous raconter de celui ou celle qui la porte ou l'a portée, la richesse ou la pauvreté, l'austérité ou la frivolité, le conformisme ou le laisser-aller, le métier ou le loisir, l'état de santé. Car à son usure, on décèle les anomalies de la marche. On est comme on marche[2].

Marie-Josèphe Bossan, conservateur du Musée International de la Chaussure de Romans en France, recense, dans le catalogue du musée, nombre de caractéristiques identifiant les chaussures des gens de pouvoir[3].

Ainsi, les chaussures à bouts relevés, représentées sur les sceaux cylindriques de l'époque d'Akkad (vers 2600 avant J.-C.) sont-elles ornées d'un pompon et réservées au roi. Les notables et les pharaons égyptiens de l'Antiquité se distinguent grâce à leurs sandales en or. En Grèce, le port des sandales ornées de pierres précieuses est réservé aux courtisanes. Leurs semelles cloutées impriment sur le sable un message sans ambiguïté : *Suis-moi*.

À Rome, la chaussure est également un indice du rang et de la fortune. Certains patriciens portent des semelles en argent ou en or massif mais la plèbe se contente de sabots ou de rustiques souliers à semelle de bois. Les esclaves marchent les pieds nus enduits de craie ou de plâtre. Le *Mulleus*, soulier fermé de couleur rouge, diffère peu du *Calceus*, soulier fermé de ville porté avec la toge. Il est porté par les empereurs, les magistrats et les enfants de sénateurs. Le *Campagus* affecte la forme d'une bottine laissant le pied à découvert. Garnie de fourrure, souvent ornée de pierres précieuses et de perles, elle est la chaussure des généraux. De couleur pourpre, elle est exclusivement réservée aux empereurs. À Rome, les souliers rouges désignent une courtisane jusqu'au jour où toutes les femmes

Saint Michel terrassant Lucifer. *Attribué à Aubin Vouet. Huile sur toile.*

Musée de la civilisation, dépôt du Séminaire de Québec, 1991.534. Photo : René Bouchard.

osent en porter. Elles sont imitées par l'empereur Aurélien. Cette couleur devient alors un privilège impérial. Ainsi naît une tradition, reprise ensuite par les ecclésiastiques de haut rang, puis dans toutes les cours d'Europe avec le port de souliers à talons rouges.

Tout au long de la période qui s'étend du Ve au XVe siècle, Byzance connaît une riche production de chaussures en cuir pourpre décorées d'or rappelant les bottes brodées d'inspiration persane, mais aussi le *Soccus* et le *Mulleus* romains. Ces mules et pantoufles, objets de luxe et de raffinement, sont d'abord réservées à l'empereur et à sa cour.

En Occident, à l'aube du Moyen Âge, l'influence de l'Antiquité romaine est encore sensible dans la chaussure. Les Francs portent des chaussures montantes jusqu'à mi-cuisses. Seule la chaussure des chefs se termine par une pointe. Les relations fréquentes avec l'Italie développent le goût de l'apparat et la chaussure devient de plus en plus un objet de luxe. Aussi, les conciles ordonnent-ils aux clercs le port de chaussures liturgiques pour célébrer la messe. Ces chaussures ecclésiastiques, appelées sandales, sont en tissu et recouvrent entièrement le pied[4].

Au XIe siècle, on adopte le mot *cordouanier*, duquel dérive le mot cordonnier, désignant celui qui travaille le cuir de Cordoue et par extension toutes les sortes de cuir. Les chaussures fabriquées en cuir de Cordoue sont réservées à l'aristocratie. À partir du XIe siècle, les heuses, bottes souples de formes variées, d'abord l'exclusivité des gentilshommes, deviennent ensuite d'un usage courant sous le règne de Philippe Auguste.

Au début du XIIe siècle, les chaussures s'allongent. Appelées pigaches, elles précèdent les chaussures à la poulaine dont on attribue l'invention au chevalier Robert Le Cornu. Ce modèle extravagant par sa pointe démesurée est rapporté d'Orient par les croisés. Cette excentricité vestimentaire dont s'est emparée l'aristocratie est imitée par la suite par les bourgeois et les petites gens. Les autorités sont donc amenées à réglementer la longueur des pointes selon le rang social : 1/2 pied pour les gens du commun, 1 pied pour les bourgeois, 1 pied 1/2 pour les chevaliers, 2 pieds pour les seigneurs, 2 pieds 1/2 pour les princes. Ainsi, pour faciliter la marche, ces derniers doivent-ils l'attacher au genou avec des chaînes d'or ou d'argent. Ces longueurs hiérarchisées donnent naissance à

◄ *Philippe VI de Valois reçoit l'hommage de son vassal Édouard III d'Angleterre.*
Détail d'une enluminure.
Chroniques de Jehan Froissart, XVe siècle.
Bibliothèque nationale
de France, Paris, RCA 27247.

Louis XIV et sa famille. *École française, vers 1715-1720.*
Gracieuseté de la Wallace Collection, Londres.

l'expression *vivre sur un grand pied* qui signifie en dépensant beaucoup[5]. Portée par les hommes, les femmes, et certains ecclésiastiques dans toute l'Europe, condamnée par les évêques et par les conciles sous peine d'excommunication, interdite par les rois, la poulaine, désormais fruit défendu, n'en devient que plus attrayante. Après un règne de quatre siècles, elle disparaît au début du XVIᵉ siècle.

Au XVIIe siècle, le roi Louis XIV fait garnir ses talons de cuir rouge, ce que s'empressent d'imiter les courtisans. Ces talons rouges restent jusqu'à la Révolution la marque des privilèges aristocratiques et seules les personnes de qualité admises à la cour peuvent les porter. Les sabots, typiquement européens, ont toujours été les chaussures des pauvres et des paysans, mais parfois, bienheureux étaient ceux qui en possédaient comme les soldats du

bataillon de la Moselle pendant la Révolution française. Les autres formes de chaussures durant cette période troublée deviennent des symboles proscrits, surtout la chaussure à talon rouge.

Dans l'Inde ancienne, avoir les pieds chaussés était l'apanage du roi, de celui qui détient le pouvoir ainsi que l'atteste un passage du Râmâyana, long poème sanskrit du Ve siècle de notre ère : « Le roi Râma, en exil, se fait remplacer dans sa cité par ses chaussures incrustées d'or. Le régent installe les chaussures sur le trône et les sacre : il ne prend désormais aucune décision sans la soumettre à la paire royale, qui la refuse en se dressant sur ses talons, et l'autorise en ne bougeant pas d'une semelle[6]. »

Des souliers et des hommes[7]

Au-delà du rang et du pouvoir, la chaussure assure notre différence individuelle. Elle identifie le sexe, la provenance, la saison. Elle est encore un « fard destiné, non point à réparer d'*irréparables outrages*, mais à se faire paraître tel ou telle qu'on veut être, à donner l'image qu'on souhaite »[8]. Ainsi, la chaussure, par sa forme, son style, son décor, ses matériaux, son état, transforme-t-elle d'abord l'apparence du pied en le parant, en le moulant, en le façonnant, en le travestissant. Elle influence aussi l'apparence générale du corps en agissant sur les transformations de la silhouette. Dans sa participation au travail de l'apparence, elle joue un rôle sur la matérialité des volumes et des statures, des poids et des postures, des mouvements et des cambrures, bref, sur toute une présence physique dont elle donne une impression directe, une expérience sensible.

Plus encore, dans cette stratégie des apparences, la chaussure constitue une véritable expression identitaire, collective et individuelle, qui ouvre une porte sur l'univers des comportements et des mentalités. Ainsi, elle permet d'exprimer non seulement un état d'âme mais encore un choix social, une idéologie : la Doc Martens, l'espadrille, la botte de cow-boy (Santiago), les bottes de travail (Kodiac), expriment bien une appartenance sociale.

L'usure de la chaussure livre aussi des indices certains quant à la personnalité et au comportement de son porteur. Le choix de la chaussure, son matériau, son état expriment à leur manière un discours tout aussi éloquent.

◄ *Image de couverture du livre* Des souliers et des hommes, Paris, Julliard, 1993.
Photo : Hervé Bacquer.

Hervé Bacquer et Philippe Lefait, respectivement photographe et journaliste français, livrent dans un recueil étonnant des impressions laissées par les chaussures. Celles-ci apparaissent comme des complices, les compagnes silencieuses et confortables de leur route. Les chaussures rondes et fatiguées témoigneraient d'une grande personnalité. Une cicatrice du cuir laisse entrevoir l'édifice immense du souvenir. Les rides d'une chaussure sont souvent éloquentes. Elles sont la parole venue du bas. Découvrir ce que cachent un cuir, une toile, un talon, un lacet, une démarche, voilà des éléments révélateurs de la personnalité. Un regard au ras du sol va parfois inconsciemment mais immédiatement au cœur de l'intimité. La chaussure laisse entrevoir un monde, ses racines, son inconscient et ses souvenirs, ses codes, ses souffrances et ses écorchures, ses deuils et ses rires. Elle témoigne du caractère, du comportement, de la violence, de l'amour, de la tendresse. La qualité du cuir, de la semelle, du talon, la manière de porter la chaussure valent mille mots. Il y a des chaussures craquelées, merveilleuses, belles, émouvantes. Dans la chaussure bien entretenue, on trouve l'âme de l'individu, le bien vivre ou le laisser-aller. Les pieds sont le reflet de l'âme. Pour changer d'état d'âme et se sentir autrement, il faut changer de chaussures.

La chaussure est une façon de se grandir, d'acquérir une certaine élégance, une splendeur compensatoire d'un physique peu flatteur. Ainsi, une femme ne peut être vraiment élégante que si elle a une belle paire de chaussures qui fasse ressortir la finesse de la

Escarpins à brides en brocart et cuir noir, nacre.
La Parisienne, vers 1925.
Musée McCord d'histoire canadienne, Montréal, M982.17.4.1-2.

jambe. Les chaussures sont une part de féminité, d'élégance, de mystère. Elles font la personnalité. Souvent pour être très femme, le maquillage et la robe ne suffisent pas. Il faut être femme jusque dans ses chaussures. Voilà où réside l'élégance véritable et le raffinement d'une silhouette. Être bien chaussée est en fait la dernière touche d'élégance qu'une femme se doit à elle-même. Une éthique. De la même manière que prendre une douche et changer de sous-vêtements tous les jours, porter de belles chaussures est une façon d'être soi-même, de se sentir à l'aise dans la vie et de se respecter. La chaussure est également l'élément indispensable du jeu social, moyen obligé de la séduction, signe de reconnaissance et de distinction.

Le pied chez les musulmans a une fonction érotique très importante parce que la femme voilée se couvre souvent jusqu'à la cheville. Le pied et les yeux deviennent ainsi les seuls lieux de la séduction. Quand on dit d'une femme musulmane qu'elle est belle, c'est qu'on apprécie avant tout ses pieds et sa démarche.

La femme occidentale expose ses jambes, sa chaussure est un moyen de communiquer, de séduire. Ainsi le choix d'un escarpin appelle la séduction. Choisir un escarpin, c'est afficher une certaine assurance, assumer la

La Revue Moderne, mai 1928, page 29.
Bibliothèque de l'Assemblée nationale, Québec.
Photo : Jacques Lessard.

Chevreau verni, lanières gun metal.

Un escarpin à cambrion, en tissu métallique argenté.

En soie blanche avec lanières tricolores.

Oxford en suède brun, coupe basse. Cantilever.

Escarpin genre sandale en velours pastel pour soirée.

Oxford en deux cuirs.

*Sandale du soir en satin vert, bout carré arrondi, doublure
et semelle en cuir crème, talon virgule en cuir doré.*
Roger Vivier, 1964.
Musée de la mode Galliera, Paris, 1977.043.008
Photo : Pierrain/Photothèque des musées de la ville de Paris.

sexualité qui s'en dégage : le buste en avant, la croupe en arrière.
Aussi, les chaussures sont-elles déterminantes dans une rencontre
et dans la relation qu'on peut avoir avec autrui. De la chaussure
découlent la marche, la silhouette d'une femme et son rapport aux
hommes. C'est par les pieds que commence et finit la séduction.

Dans un tout autre domaine, en psychiatrie, les pieds sont des
indicateurs importants : la démarche d'une personne, ce qu'elle a
comme chaussures aux pieds, sont-elles cirées ou non, un lacet cassé.
Être bien dans ses chaussures, c'est refuser d'être atteint par les
conditions extérieures, par la mauvaise qualité du sol. L'importance
du confort prédomine : il faut oublier la chaussure pour libérer la
tête. C'est un confort personnel, et donc une protection contre les
autres et leur jugement. Avoir des chaussures bien entretenues, bien
cirées, bien propres, éloigne les mauvais jugements. Les chaussures
portées résultent d'un choix et ne pas en prendre soin est forcément
révélateur. La chaussure participe d'un discours sur soi destiné à soi
mais aussi et surtout au regard de l'autre. ❖

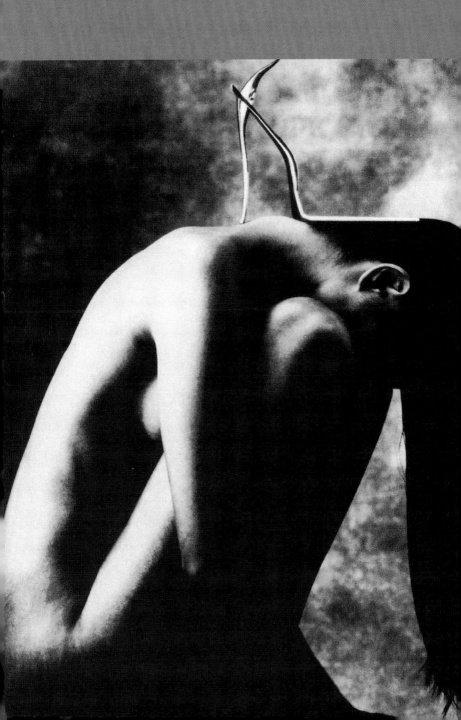

ARMI LES DÉFINITIONS de la séduction inscrites au Petit Robert, on retrouve : « Convaincre en persuadant ou en touchant avec l'intention de créer l'illusion, en employant tous les moyens de plaire. » La séduction serait-elle la création délibérée d'une illusion ? Illusion : « Erreur de perception par une fausse apparence ; apparence dépourvue de réalité ; croyance erronée qui abuse l'esprit par son caractère séduisant ; enfin « faire illusion » signifie « duper, tromper en donnant de la réalité une apparence flatteuse ». Il s'agirait de *moyens* utilisés pour créer une stratégie de l'apparence dans le but de plaire. Dans le discours religieux, cette stratégie de séduction est l'œuvre du diable. Utilisant le corps, elle est toujours associée au mal, une malédiction qui perdure à travers la morale et la philosophie, la psychanalyse et la libération du désir. « Magie noire de détournement de toutes les vérités, conjuration des signes, exaltation des signes dans leur usage maléfique[1] », la séduction est menaçante par nature et on hésite à l'aborder de front.

Jean Baudrillard écrit : « La séduction n'est jamais de l'ordre de la nature, mais de celui de l'artifice — jamais de l'ordre de l'énergie mais de celui du signe et du rituel[2]. » Il l'assimile encore à l'univers féminin de manière presque exclusive, amalgamée au monde des apparences et lui accorde une puissance et un pouvoir souverains, une autonomie déconcertante :

> Séduction et féminité se confondent inéluctablement comme le revers même du sexe, du sens, du pouvoir. La séduction est la seule et irrésistible puissance de la féminité. Elle représente la maîtrise de l'univers symbolique, alors que le pouvoir ne représente que la maîtrise de l'univers réel. La souveraineté de la séduction est sans commune mesure avec la détention du pouvoir politique ou sexuel. [...] Puissance immanente de la séduction de tout ôter à sa vérité et de la faire entrer dans le jeu, le jeu pur des apparences, et là de déjouer en un tournemain tous les systèmes de sens et de pouvoir : faire tourner les apparences sur elles-mêmes, faire jouer le corps comme apparence [...][3].

La séduction est un échange rituel ininterrompu, « une surenchère où les jeux ne sont jamais faits, de qui séduit et de qui est séduit, pour la raison que la ligne de partage qui définirait la victoire

PAGE PRÉCÉDENTE

Shoes. Objects of Art and Seduction de Paola Buratto Caovilla, Skira, 1998. Reproduction.
Photo : Albert Watson.

Dessin : Éric/Vogue.
Magli. Storia e immagini di una dinastia de Samuele Mazza, Leonardo Arte, 1996.
Reproduction : autorisation de Bruno Magli.

de l'un, la défaite de l'autre, est illisible — et qu'il n'y a pas de limite à ce défi à l'autre[4]. » Dans ce jeu sans fin, il y a quelque chose d'invariablement narcissique. Vincent Descombes note, dans *L'inconscient malgré lui* :

> Ce qui séduit n'est pas tel ou tel tour féminin, mais bien que c'est pour vous. Il est séduisant d'être séduit, par conséquent c'est l'être-séduit qui est séduisant. En d'autres termes, la personne séduisante est celle où l'être séduit se retrouve. La personne séduite trouve dans l'autre ce qui la séduit, l'unique objet de sa fascination, à savoir son propre être tout fait de charme et de séduction, l'image aimable de soi[5].

Haute pointure. Histoires de chaussures *de Colin McDowell, Robert Laffont, 1989. Reproduction. Photo : Anonyme, vers 1940.*

La séduction s'établit dans un jeu de voile. En réalité, apparence et séduction connaissent une connivence certaine : « Un corps qui apparaît livre au regard une prestance. Le paraître peut aussi relever des stratégies de la disparition. Non plus se retenir de toute exhibition, mais se plaire à dissimuler[6]. » Est séduisant ce qui est évoqué, suggéré, indirectement perceptible. Il s'agit d'établir une stratégie de provocation.

Au-delà du critère de petitesse, le pied porte une lourde charge symbolique qui l'insère dans un processus de séduction indéniable. Équilibré dans ses proportions, raffiné dans ses courbes et sa cambrure, le pied nu représente une sensualité sans équivoque, un pouvoir de séduction éloquent. Aussi, la chaussure le magnifie-t-elle comme le corps tout entier séduit les regards qui se posent sur cet objet de promesse et de volupté.

L'enquête menée par Bacquer et Lefait met bien en évidence le rapport à la séduction, le caractère érotique de la chaussure. William Rossi en fait aussi la démonstration. Il établit d'emblée que le « pied est un organe érotique et la chaussure, son revêtement sexuel[7]. » Le caractère érotique du pied, son pouvoir de séduction, sa nature sexuelle se retrouve

> [...] dans les lois des nations, dans les livres religieux des hindous, des chrétiens, des musulmans, des bouddhistes. On la retrouve aussi dans les mœurs de la plupart des sociétés, dans les légendes et la mythologie, dans les traditions, les arts et les écrits des poètes, dramaturges et philosophes, dans les rites des fiançailles et du mariage, de la naissance et de la fécondité et dans la littérature médicale. L'Amérique est le seul pays où l'on insiste avec une telle exagération sur les pieds malades, les pieds laids, l'odeur des pieds. Quatre-vingts pour cent des innombrables articles qui paraissent dans les revues et les journaux sur la santé du pied traitent des maux de pied. Une chose est de faire prendre conscience au public de l'importance du pied, autre chose de ne lui en montrer que le côté négatif[8].

Rossi démontre bien le caractère sensuel du pied, son symbolisme phallique. La chaussure quant à elle s'identifie au sexe féminin. Ce rapport mâle (pied) — femelle (chaussure) est ancien et universel. Historiquement, la chaussure est associée au romantisme et à l'érotisme, à la fécondité, au mariage et aux rapports sexuels. La nouvelle épouse qui lance ses chaussures (ou son bouquet) à ses demoiselles d'honneur ou les chaussures qu'on accroche à la voiture qui emporte le jeune couple sont des coutumes séculaires riches de symboles sexuels. En France, on dit que la jeune épouse conserve ses souliers de mariage pour s'assurer une union durable et féconde. Dans différentes parties du monde, l'époux délace le soulier de l'épouse au moment du mariage ; ce rite évoque la perte de la virginité.

Des recherches effectuées sur le cerveau humain par le Dr Wilder Penfield ont permis de localiser, à la surface du cortex, les parties du corps correspondantes. La zone des organes génitaux se situerait au-dessous de celle du pied. Les signaux électrochimiques interprétés par le cerveau comme étant des sensations pourraient déborder d'une zone à l'autre du cortex : « Les câbles du cerveau de beaucoup d'entre nous sont entrecroisés, ce qui expliquerait pourquoi nous percevons les caresses du pied si agréables sexuellement et pourquoi nous avons les orteils qui se recourbent spontanément en réponse au plaisir sexuel[9]. »

Un des premiers caractères de la chaussure est précisément d'ordre sexuel : il est un des critères apparents de la différenciation entre les sexes. Et cela commence parfois dès le berceau.

> Les jeunes ne prennent conscience de la mode que lorsqu'ils prennent conscience de la sexualité. Leurs choix en matière de chaussure s'expriment avec force au début de la maturité sexuelle. Ces jeunes utilisent leurs chaussures pour affirmer leur identité sexuelle et pour montrer leur empressement à se lancer dans de *sérieux* rapports entre garçon et fille. C'est pourquoi les moins de treize ans achètent des chaussures d'un style très exagéré. Les jeunes gens, comme tous les jeunes qu'entraîne la libido dans le monde animal, poussés par leur inquiétude sexuelle, lancent constamment des appels à l'amour[10].

En revanche, l'association entre la mode et l'attraction sexuelle perd de sa puissance à mesure que la libido s'amoindrit. Le style de la chaussure devient alors plus traditionnel, les talons s'abaissent. Leur potentiel sonore diminue également. « L'esthétique corporelle, l'image désirable du corps telles qu'elles se dessinent à même le corps sont toujours déterminées par la situation légitime de la libido[11]. »

La chaussure affiche avec force son rôle dans les stratégies de l'apparence. Aussi, à sa manière, elle prend part aux jeux de la séduction. Entremetteuse, enjôleuse, raffinée, sensuelle, coquine, indépendante, provocante, dominatrice, elle joue sur tous les tons et affiche tous les désirs.

Mules en satin rose.
Musée de la civilisation, Québec,
coll. Honorable Serge Joyal, 87-2362.
Photo : Jacques Lessard.

Un jour elle y parut un moment pour montrer son ouvrage à la
marchande : une calèche lui couvrait le visage, mais ses habits
courts laissaient voir le bas d'une jambe fine et son joli pied. Un
jeune homme, en grand deuil, entre avec son gouverneur, pour
faire quelques achats. Ses yeux se fixent sur Fanchette : sa taille
dégagée, cette jambe, et ce pied surtout le frappèrent [...]. Les
grâces de sa démarche achevèrent d'enchanter le jeune homme.
[...] — L'on ne saurait être laide [...] non, madame, jamais femme
laide n'eut autant de grâce : [...] un si joli pied ne peut soutenir
que la beauté même*. ◈

★   Restif de La Bretonne, *Le pied de Fanchette ou le Soulier Couleur de Rose*. Paris, Les Édi-
    tions d'Aujourd'hui, 1976, p. 49.

Le petit pied ou le fantasme de Cendrillon

La séduction ultime semble également être associée aux dimensions
du pied, à sa morphologie. Un pied bien formé est certainement
plus séduisant qu'un pied déformé, encore qu'il doive être petit.

La petitesse du pied est un critère de séduction reconnu depuis
des temps immémoriaux. L'histoire universelle de Cendrillon atteste
bien ce caractère identitaire de la chaussure tout en assimilant le
critère de la petitesse et de la séduction. Ce que nous retenons de ce
conte est le motif du petit pied. La petite taille de la chaussure, qu'elle

Cendrillon. *Dessin : Gustave Doré.*
Contes de Charles Perrault, J. Hetzel et Cie, Paris, 1869.
Musée de la civilisation, bibliothèque du Séminaire de Québec, fonds ancien. Photo : Jacques Lessard.

soit mule ou sandale, est le fondement même de la séduction. L'attrait qu'elle exerce sur le prince est indéniable. Elle est porteuse de finesse et d'élégance et ne peut que convenir à une personne offrant les mêmes caractéristiques.

Dans la version de Charles Perrault, on reconnaît l'héroïne du conte par sa grâce et sa beauté naturelle : « Cendrillon, véritablement, représente la jeune fille modèle. Elle possède la beauté, la grâce, la douceur, une noble origine et l'humilité[12]. » La petitesse du pied de Cendrillon est notée et reconnue comme un signe, un symbole de cette grâce et de cette noblesse.

Il est statistiquement reconnu que nombre de personnes choisissent leurs chaussures un point en dessous de leur pointure normale afin de répondre aux exigences d'une stratégie de l'apparence, dont la séduction est certes un des principaux enjeux. « Depuis des siècles, on associe les petits pieds à la féminité et même à la condition sociale ou aristocratique. [...] Cela explique aussi l'influence

Mules de soie brodées de perles de verre, de petits tubes et de strass Swarosky, talons de plexiglas décorés de filigrane d'argent et de strass. Mules créées pour le film Ever After *de Andy Tennant.*

Salvatore Ferragamo, 1997.

Gracieuseté du Museo Salvatore Ferragamo, Florence.

Joan Crawford en compagnie de Ferragamo dans sa boutique de Hollywood en 1926.

Gracieuseté du Musée Salvatore Ferragamo, Florence.

Quelle est la dimension d'un pied de femme dit petit? Aujourd'hui en Amérique, ce serait une pointure de 5 1/2. Le 4 est minuscule et rare. Avant le début du XXᵉ siècle, la plupart des gens avaient des petits pieds. Un adulte américain moyen chaussait 6 1/2 ou 7; 9 aujourd'hui. Dans les années 1930, la pointure de Greta Garbo — le 9 — devint un refrain de publicité. De nos jours, la presse ne lui accorderait pas une ligne. Mais les reines de beauté des dernières décennies avaient de petits pieds, élément important de leur sex-appeal. Marlene Dietrich, Joan Crawford, Paulette Goddard, Gina Lollobrigida, la duchesse de Windsor et Eva Peron chaussaient du 5B. Bette Davis, Jennifer Jones, Carmen Miranda, Agnès Demille, Anna May Wong, du 4 1/2 B. Jean Harlow, Dolorès Del Rio et Ann Todd chaussaient le 4BS. Gloria Swanson, 3 1/2 B. Mary Pickford, 3 B. Mistinguett, 2 1/2 et Anita Loos 2B. Aujourd'hui, ce sont les petites filles de huit à neuf ans qui portent ces pointures*. ❖

Salomé du soir en lamé or à décor oriental représentant des animaux ailés affrontés et des dragons, brides fixées par deux boutons en forme de roses, talons Louis XV à section hexagonale. Souliers portés par Mistinguett (avec la pochette assortie).
André Pérugia, vers 1925.

Musée de la mode Galliera, Paris, 1958.037.005 A/B.
Photo: Pierrain/Photothèque des musées de la ville de Paris.

* William Rossi, *Érotisme du pied et de la chaussure*, Paris, Payot, 1978, p. 149-150.

Mules de soie brodées de perles de verre, de petits tubes et de strass Swarosky, talons de plexiglas décoré de filigrane d'argent et de strass. Mules créées pour le film Ever After de Andy Tennant.

Salvatore Ferragamo, 1997. Gracieuseté du Museo Salvatore Ferragamo, Florence.

considérable et la vogue continue des talons hauts, des bouts pointus et autres détails de style qui créent l'illusion du petit pied[13]. »

La petitesse du pied est une valeur suffisamment importante pour que l'on accepte de souffrir l'étroitesse d'une chaussure afin de donner l'illusion d'un petit pied et de s'attirer les faveurs qu'on lui octroie. Si le talon haut impose cette illusion et permet de tromper l'œil dans son évaluation de la longueur du pied, en revanche, il supporte une lourde charge symbolique. Le choix de porter une chaussure à talon haut peut être justifié de différentes manières. ❖

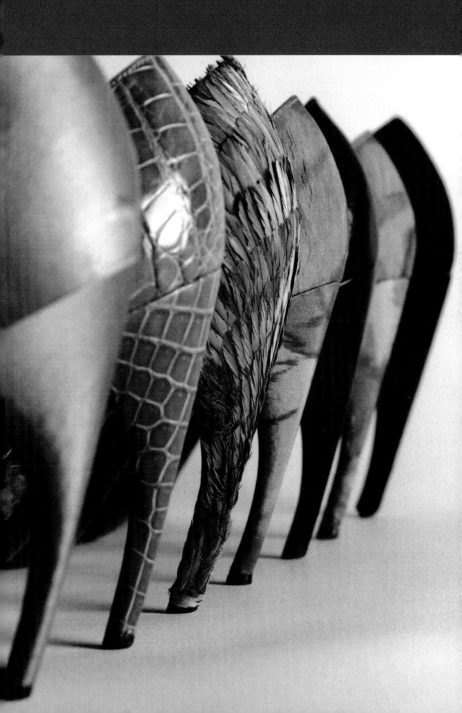

D E L'ÉLÉGANCE CLASSIQUE et raffinée au caractère érotique, sexuel et franchement fétichiste, le talon fait la chaussure, la silhouette, l'appartenance, le statut social, l'apparence tout entière et la personnalité. C'est souvent son bruit qui attire le regard sur sa forme entraînant ainsi son approbation ou sa détraction, la critique et le jugement, une catégorisation. Il ne laisse certes pas indifférent. « Le talon constitue aujourd'hui un élément si essentiel de l'élégance d'une chaussure que nous avons peine à imaginer qu'il fut ignoré pendant des millénaires[1]. »

Son origine fait pourtant l'objet de doctes débats. Selon Deslandres, un profil cambré pour les semelles est créé pour la première fois dans la fabrication des patins où le talon postérieur serait plus élevé que celui du devant.

La même disposition en plan incliné est également visible sur les nombreux spécimens subsistants de chopines vénitiennes, hauts patins à socle massif sur lesquels se juchaient quelques riches et oisives italiennes de Venise du XVIe siècle. Leurs semelles étaient parfois détachées de la base, mais elles étaient toujours placées de façon à surélever le talon. Cette manière de se chausser flattait évidemment la taille ; elle nécessitait de surcroît l'appui de deux servantes pour se déplacer sans péril, et la mode en demeura très limitée. En Europe, le goût des talons surélevés proviendrait de ces chopines italiennes qui pouvaient atteindre jusqu'à 50 cm de haut.

La recherche d'une hauteur parfaite ou la nécessité de s'élever ne date pas de l'ère moderne. À Thèbes, en Égypte ancienne, on a retrouvé dans une tombe datant de 1000 avant J.-C. des chaussures surélevées par une plate-forme spectaculaire qu'on a associée au statut social et à la richesse de son propriétaire. La dramaturgie grecque utilisait ce genre de plate-forme appelée cothurne non seulement pour hausser les interprètes afin qu'ils soient bien visibles, mais encore pour illustrer le statut social

Chopine vénitienne, vers 1660. Socle en bois recouvert de velours de soie rehaussé de dentelle faite de fils métalliques.
Gracieuseté du Bata Shoe Museum, Toronto, P91.80.

PAGE PRÉCÉDENTE
Le « talon choc » des chaussures Roger Vivier.
Photo : Cynthia Hampton.

Chaussures en cuir marron clair brodées au fil d'argent,
bout pointu effilé, haut talon à profil incurvé.

Anonyme, vers 1720.

Musée de la mode Galliera, Paris, 1920.001.1900 A/B.
Photo : Pierrain/Photothèque des musées de la ville de Paris.

des personnages interprétés par les comédiens. La hauteur de la chaussure et le statut social sont également associés en Orient. Au Japon, l'empereur Hirohito est couronné en 1926. Il porte alors des *geta* dont la plate-forme atteint les 30 cm.

Le talon devient habituel en Europe dès le XVIIe siècle grâce au savoir-faire d'artisans ingénieux qui proposent de supprimer la semelle épaisse mais de conserver le talon. La stature s'en trouve tout de même rehaussée et le pied est isolé du sol boueux. Comme le talon vise à donner de la dignité, on veille donc à le maintenir dans les limites du pratique. Mais quiconque a besoin de par sa position d'avoir l'air imposant accueille à bras ouverts la possibilité de se grandir de quelques centimètres. Au cours du XVIIe siècle, le talon est donc présent, massif et élevé sous les bottes masculines, et assez lourd dans la chaussure féminine. Ce n'est qu'à la fin du siècle qu'il adopte une ligne incurvée.

Au XVIIIe siècle, le talon modelé selon une ligne incurvée donne à la chaussure sa proportion harmonieuse : « D'un raffinement si agréable à l'œil que l'on en a attribué l'invention à Léonard de Vinci[2]. » Placé sous la voûte plantaire, il rend l'équilibre précaire. Ainsi, la mode de la canne féminine est-elle née en 1786 en raison de la hauteur et parfois de la finesse de ces talons. Un changement survient dans la mode à la veille de la Révolution. L'adoption des robes *à l'antique* entraîne l'usage de chaussures ressemblant aux sandales plates et sans talon, fixées aux chevilles par des brides de rubans que portaient les dames romaines. En 1829, le talon fait une timide réapparition, aussi bien dans la chaussure féminine que dans la botte masculine. Il ne connaît cependant qu'un succès mitigé, car « c'est très incommode pour danser[3]. Il redevient d'un usage courant à la fin du XIXe siècle. Il présente alors un aspect assez différent. Il a la forme d'une demi-bobine et se place tout à fait à l'extrémité postérieure de la semelle. Toujours dissimulé sous les robes longues, le talon évolue peu et ses variations demeurent limitées : on distingue le talon anglais pour la chaussure de marche et le talon Louis XV, plus fin, aux lignes plus incurvées, pour les chaussures habillées.

À partir de 1910, l'ourlet remonte légèrement. Le pied chaussé s'en trouve dégagé et s'offre aux regards, occasionnant une recherche jusqu'alors ignorée de l'élégance du pied. Les talons hauts prennent le devant de la scène et ajoutent une touche nouvelle à la féminité. Maintenant visible, le talon se raffine et rivalise d'élégance, se pare, se vampe, s'exhibe. Chez les personnes aisées, on remarque des talons de cristal et d'or pur. Certains talons sont habillés de jade ou encore d'une bande de cuir enrichie de dessins gravés sur or telle une reliure précieuse. Au même moment, le talon Louis XV des chaussures du soir est recouvert de tissu assorti à la robe et incrusté de similis. Au lendemain de la Première Guerre mondiale, lorsque la jupe raccourcit vraiment, l'élégance du soulier s'impose. La bottine à tige haute disparaît. Le bas noir cède son opacité à la faveur de la transparence sur laquelle se découpe avec grâce les brides colorées des nouvelles chaussures. De forme encore lourde, la chaussure se hisse maintenant sur le talon quille, très haut, destiné aux souliers du soir, de chevreau doré ou argenté, ou assorti

Escarpins du soir en satin noir, motif triangulaire à l'arrière de la tige et talon Louis XV parés de strass, bout pointu arrondi, doublure et semelle en cuir ivoire.
André Pérugia, vers 1930.
Musée de la mode Galliera, Paris, 1963.020.028 A/B. Photo : Pierrain/Photothèque des musées de la ville de Paris.

Chaussure du soir en chevreau doré, talon quille.

Charles Hind, 1890.

Northampton Borough Council, Northampton, Royaume-Uni.

au tissu de la robe. Depuis qu'elle travaille, la femme doit sortir dès le matin et marcher pour se rendre à son travail. Ainsi, et selon les circonstances, les talons de ville sont demi-hauts ou plats. Avec la Deuxième Guerre mondiale, les formes de la chaussure se raffinent ; en même temps réapparaissent les semelles épaisses, de bois ou de liège, avec le talon pris dans la masse selon la forme dite compensée. Les restrictions de cuir imposées à l'ensemble de la population font de ces lourdes semelles, parfois peintes de couleurs vives ou encore recouvertes d'étoffe, une mode universelle.

Les créateurs européens imaginent des chaussures à plate-forme en matières synthétiques. Ferragamo superpose des couches de lièges et les recouvre de toile cirée, créant ainsi les modèles les plus mémorables de sa carrière. Les plates-formes disparaissent après-guerre et reviennent en 1967 sous l'impulsion de Roger Vivier. Elles feront fureur dans les années psychédéliques. À mesure que les *pattes d'éléphant* s'élargissent, les semelles s'épaississent et battent des records d'excentricité. [...] Le retour de la mode disco dans les années 1990 voit fleurir dans les boîtes de nuit les plates-formes de strass ou les baskets en vinyle à semelles compensées[4].

Escarpin du soir en tissu broché jaune, semelle plate-forme.

Roger Vivier, vers 1969.

Gracieuseté du Musée International de la Chaussure, Romans, coll. Vivier, 148.

Toute cette évolution des plates-formes et des semelles compensées est relatée dans les pages de *La Revue Moderne*. Ainsi, en 1940, celui que l'on appelle *Weedgee*

> est un soulier qui ne saurait convenir aux vêtements élégants. [...] l'empeigne est celle d'un escarpin, le cartier (*sic*) et le talon vus de dos, sont ceux d'un soulier normal, mais c'est de profil que le genre sport est consacré. C'est le talon plein qui enlève toute finesse au soulier, qui fait disparaître la cambrure du pied. [...] ils rappellent trop les chaussures orthopédiques[5].

Malgré cette opinion défavorable, la tendance connaît tout de même une vogue certaine au Québec :

> Dans les pays occupés, le cuir était tellement rare que les bottiers le remplaçaient par des semelles de bois épaisses. Et toutes les femmes, riches ou pauvres, modestes ou élégantes, se promenaient chaussées de souliers à plates-formes résistantes. L'Amérique s'empressa, à la fin des hostilités, de copier ces modèles qui remportèrent d'ailleurs un vif succès de ce côté-ci de l'Atlantique[6].

Et en 1967, alors que Vivier tente d'imposer un retour des semelles compensées, on peut lire : « Roger Vivier a dessiné pour la collection Saint-Laurent des sandales en bois, à semelles épaisses[7]. » En 1970, la mode des semelles compensées s'installe véritablement : « Les accessoires en vogue : [...] chaussures à semelles surélevées qui donneront un chic nouveau à toutes vos toilettes[8]. »

Dans les années d'après-guerre, telle une libération, Dior impose son *New Look* en hommage à la féminité. « La femme veut revenir à l'image gracieuse qui était la sienne aux périodes plus faciles ; elle serre sa taille, allonge ses jupes, et porte des souliers à talons hauts, plus fin qu'ils n'ont jamais été[9]. » Les talons aiguilles connaissent un succès sans précédent. Encore une fois, l'influence européenne se fait sentir au Québec :

> La Parisienne a toujours eu un faible pour les souliers fins et dès que les bottiers français purent mettre la main sur du cuir ils eurent tôt fait de remplacer les lourdes semelles d'urgence par des semelles fines, légères, qui permettent l'exécution de modèles gracieux, en harmonie avec les créations des Rochas, des Fath, des Dior, des Balmain. Une fois de plus la nouvelle traversa l'Atlantique, et une fois de plus les créateurs

◄ New Look *de Christian Dior. Photo : Willy Maywald, 1948/DACS (Londres)/SODART (Montréal).*

américains et canadiens s'empressèrent de suivre l'exemple plein de bon sens de leurs camarades français[10].

On assiste à une véritable explosion de fantaisie. André Pérugia monte des talons composés de petites boules de taille décroissante ou pose un escarpin sur une spirale métallique. Denman dessine une chaussure-gondole dont le talon incurvé ne rappelle en rien les profils traditionnels. Le talon aiguille est remplacé par un talon à l'extrémité toujours aussi fine mais plus évasé en corolle sous la semelle. Désormais entraîné dans le cycle de renouvellement rapide qui est celui de la mode, le fabricant de chaussures doit présenter chaque saison des modèles inédits. Les talons ont été massifs en 1967, métallisés en 1969, compensés vers 1972, très droits en 1974 ; ils se sont à nouveau affinés vers 1980, puis sont redevenus cambrés presque aiguilles. La décennie 1990 voit défiler, comme en rétrospective pour saluer la fin du millénaire, pratiquement toutes les formes de talons qui se sont succédé au xxe siècle pour clore avec un dernier retour de la semelle compensée.

À travers l'évolution des formes du talon et de la chaussure, il est donné de voir l'évolution des sociétés, des mentalités et même des comportements sociaux. La variété des styles qui se développent au xxe siècle n'est-elle pas le reflet d'une société en mouvement, qui connaît à travers l'histoire de grandes guerres et de nombreux conflits, des passages qui l'entraînent d'une ère artisanale et traditionnelle vers l'industrie et la modernité jusqu'à la fine pointe de la technologie ?

Talon aiguille Bruno Magli. Dans Magli. Storia e immagini di una dinastia de Samuele Mazza, Leonardo Arte, 1996. Reproduction : autorisation de Bruno Magli.

Le talon et le sexe

Durant des siècles, les courtisanes japonaises portent un signe distinctif de leur état, des socques de bois les élevant de 15 à

30 cm. Les concubines chinoises adoptent également le même type de talon. Dans les harems turcs, les odalisques portent des sandales surélevées, destinées probablement à les empêcher de s'enfuir. On croit que, dans la Rome antique, on distinguait les prostituées des autres femmes par la hauteur de leurs talons.

« Les hommes reconnaissent franchement que les hauts talons stimulent leur appétit sexuel. Ils ne manquent jamais de dire que c'est pour eux un objet de prédilection et, par conséquent, les femmes attribuent à ces petites échasses la magie d'un philtre d'amour[11]. » Valérie Steele écrit : « Les chaussures à talons plaisent à un tas de gens. [...] En fait, il y a un peu d'Imelda Marcos chez beaucoup de femmes, et beaucoup d'hommes ont une réaction pavlovienne à la vue d'une femme perchée sur des talons[12]. » Le paradoxe des talons hauts est d'être à la fois instrument de pouvoir et de torture. D'une part, portés trop longtemps, ils provoquent la douleur et sont responsables de multiples maux de pieds. D'autre part, dans une certaine mesure, ils confèrent le pouvoir de séduire :

> On glisse dans des pantoufles, on enfile des baskets, on chausse des mocassins, mais avec des talons hauts, on s'habille. On joue. Les talons hauts nous permettent de prendre l'initiative, plutôt que de suivre. Une femme ordinaire se transforme soudain en séductrice qui regarde les hommes de haut[13].

La chaussure à talon haut modifie certainement l'apparence générale de la femme. Pour certains, elle contribue largement au *sex-appeal* féminin. William Rossi dresse une liste des éléments qui font la magie érotique des talons hauts :

> Le talon haut donne des contours plus nets à la cheville et à la jambe, un air plus sexy. Fait paraître le pied plus petit, la cambrure plus féminine. Provoque des changements de la démarche et accentue le caractère voluptueux de la forme et des mouvements des membres inférieurs, bassin, fesses, abdomen, poitrine, ligne du dos. Le talon haut féminise le pas qui se fait plus petit et donne une impression d'être soumis et asservi [...]. Il allonge la silhouette et donne à la femme une allure qui, psychologiquement et sentimentalement, accroît son attraction sexuelle[14].

Flügel ajoute : « Les talons hauts modifient énormément l'attitude du corps. Ils interdisent toute protubérance de l'abdomen [...] exigent une tenue droite et tendent à faire ressortir la poitrine[15]. » Selon Rossi, ils projettent aussi les fesses en arrière. Les grosses jambes paraissent plus minces et les jambes maigres sont moins raides.

La jeune femme en devenir emprunte plus que tout autre accessoire les chaussures à talons hauts de sa mère. Elle est impatiente d'arriver à l'adolescence afin de pouvoir porter des talons hauts. Le talon haut ouvre la porte à la conscience de l'identité féminine.

La Revue Moderne, *juin 1947*, *page 77.*
Bibliothèque de l'Assemblée nationale, Québec.
Photo : Jacques Lessard.

Magnifique soulier à bandes entrelacées dont la courroie s'enroule autour de la cheville fine.

Le chevreau noir moule le pied mais laisse à découvert talon et orteils. Créations de M. Del Grande.

talons HAUTS

Entre une femme qui marche avec des talons hauts et celle avec des talons plats, la différence est frappante. La personnalité et l'aspect physique subissent un changement radical. La strip-teaseuse se dépouille de tous ses vêtements, sauf de ses chaussures à talons hauts qui lui donnent un air voluptueux et sexy et sans lesquelles elle ne serait qu'une femme nue. Par ailleurs, la jambe dont le caractère érogène est indiscutable, est rehaussée par le talon haut. Certaines stars de cinéma doivent leur succès à la longueur et au galbe parfait de leurs jambes toujours accentué par le port d'un talon haut.

Le talon haut est depuis longtemps synonyme de féminité. À cet égard, Georges Bernard Shaw lançait cet avertissement aux femmes : « Si vous vous rebellez contre les souliers à talons hauts, veillez pour le faire à porter un chapeau très chic[16]. » Au XVIIIe siècle, Restif de la Bretonne déclarait que les talons hauts font partie du véritable charme d'une femme. Déjà à cette époque, chaussures et sexualité sont associées. Certains talons ornés de pierreries à l'arrière portent le nom évocateur de *Venez-y voir*.

Les talons hauts sont pour les deux sexes un symbole de séduction et de sophistication. Christian Dior les considérait comme les seuls aptes à mettre en valeur son *New Look*. Le talon haut, même sous sa forme la plus extrême, le talon aiguille ou stiletto, comporte certains risques, mais du fait qu'il flatte la cheville et fait paraître la jambe plus longue, il aura toujours du succès. À la fin des années 1950, une femme à la mode ne pouvait porter autre chose qu'un talon aiguille.

> Les talons hauts sont associés à l'image d'une femme sexuellement raffinée, et plaisent donc aux prostituées et aux travestis. En revanche les talons plats sont pratiquement asexués[17].

La chaussure très haute gêne les mouvements, mais c'est précisément cette forme de *bondage* que l'on trouve érotique. Ainsi la chaussure à talon haut joue un rôle important dans la création des stéréotypes sexuels.

On assiste actuellement à un retour en force du talon dans des lignes épurées, débarrassées enfin de la lourdeur écrasante et dépourvue de finesse des plates-formes et autres échasses compensées. Si, dans les années 1960-1970, la libération sexuelle et

l'affirmation du féminisme ont promu le retour de la botte dans le vestiaire féminin, c'est pour se débarrasser d'une image plutôt statique de la femme. Il ne faut pas conclure, avec le retour des stilettos, à un recul des acquis dans la lutte des femmes pour l'égalité et la suppression d'images négatives et stéréotypées. Il faut y voir bien plus l'opportunité d'afficher à loisir une féminité reconquise et libérée. ❖

La séduction au féminin

BRUNO MAGLI

L'ESCARPIN REPRÉSENTE une des chaussures les plus sensuelles. Ses courbes, ses cambrures lascives, ses lignes sinueuses et son talon font de lui un entremetteur obligé. Selon les époques, la hauteur du talon tient un rôle de premier plan dans ce numéro de charme. « Plus le talon est haut, étroit et contourné, plus cela est sexy. Ainsi, le pied paraît plus petit, la cambrure plus prononcée, la jambe plus longue et plus galbée, les hanches et les fesses ont des mouvements plus balancés[1]. »

L'escarpin ou la séduction pure

Escarpin vient de « l'italien *scarpino* (petite chaussure). Le terme succède à celui de "décolleté", utilisé jusque dans les années 1930 »[2]. Décolleté renvoie à « qui laisse voir le cou et une partie de la gorge, du dos[3]. Voilà une entrée en matière qui ne trompe pas. Le décolleté laisse entrevoir des courbes et des rondeurs sinueuses. La petite chaussure (*scarpino*) a un décolleté qui laisse voir le cou (-de-pied), une partie des orteils, du moins leur naissance, comme l'autre décolleté laisse deviner celle des seins. L'un et l'autre, prometteurs, charment, séduisent et mettent en valeur. Ils peuvent devenir aguichants, ensorceleurs, envoûtants et même provocants, voire déplacés. « Selon les spécialistes de l'image, les chaussures ouvertes encouragent l'homme à voir la femme comme une partenaire sexuelle plutôt que comme une éventuelle présidente de comité[4]. » Un

Escarpin du soir en daim noir, motif découpé en volute sur l'empeigne, talon aiguille à ligne rentrée sous le pied recouvert de daim noir.
Roger Vivier pour Christian Dior, 1955.
Musée de la Mode et du Textile, Paris, coll. UFAC, UF 75-13-13.

PAGE PRÉCÉDENTE
Publicité Bruno Magli.
Gracieuseté de Bruno Magli, Bologne.
Photo : Mario Testino.

creux dévoilé entre les orteils peut rappeler d'autres *décolletés* et *fentes*
du corps féminin. Le pied est perçu comme un substitut du corps,
dont on peut exhiber chaque partie. Certains parlent même de sédui-
sants escarpins à *gorge profonde*. Le grand chausseur Salvatore
Ferragamo a dessiné une chaussure avec l'empeigne « découpée de
telle manière qu'elle dévoile le cou-de-pied exactement comme Dior
la ligne du cou[5]. »

L'escarpin existe depuis plusieurs siècles. Il fut à l'origine une
chaussure d'intérieur que certains portaient même pour sortir. Dès
1836, en Angleterre, l'invention des soufflets élastiques permet au
soulier de coller au pied et d'avoir une ligne plus élégante. On y ajoute
peu à peu lanières, boutons, boucles et nœuds. Pour les hommes
comme pour les femmes, on augmente la hauteur du talon afin
d'embellir le pied et lui donner un air sensuel. Bien ajusté, l'escarpin
accentue les contours du pied. Dès la fin du XVIIIe siècle, il acquiert,
à peu de chose près, les lignes qu'on lui connaît encore aujourd'hui.
L'escarpin d'Orsay, très évasé sur les côtés, expose la cambrure et les
mouvements sinueux du pied. Il est dessiné et conçu par le comte
Alfred Guillaume d'Orsay, dandy européen de la première moitié du
XIXe siècle. Les femmes adoptent cet escarpin délicat qui reste encore aujourd'hui « un des modèles les plus sexy, particulièrement
lorsqu'il est porté par une femme élégante qui le fait valoir[6]. »

Au lendemain de la Première Guerre mondiale naît l'escarpin
moderne dont la mode dans une large part inspire les variations :
talons plus ou moins hauts et plus ou moins fins, décolletés plus ou
moins profonds et bouts ronds ou pointus (plus rarement carrés).
L'escarpin moderne est une chaussure fine, décolletée, à semelle

mince. Il est la chaussure de ville habillée par excellence. Sa version à talon aiguille deviendra le modèle favori d'une élégance classique, prônée par la haute couture à partir des années 1950. En cuir, l'escarpin est porté le jour. Le soir, il est en satin ou dans une étoffe assortie à la robe qui l'accompagne. D'ailleurs, on peut déjà le constater en 1948 :

> L'escarpin au bout légèrement pointu est de loin le soulier le plus fashionable cet automne. En tenue de ville, il est orné d'un bouton en bois ou de boutons nacrés [...]. Pour le soir, l'escarpin est grandement décolleté en forme de V ou allégé par un entrelacis de petites courroies au-dessus des doigts de pied. Souvent, il est bordé d'un mince filet de chevreau doré. Toutes les nouvelles couleurs d'ailleurs viennent enrichir la belle simplicité de l'escarpin [...][7].

Roger Vivier en décline d'infinies variations pendant plus de deux décennies à partir des années 1950. Charles Jourdan se fait également un nom dans la distribution grand public grâce à ses escarpins. « Dans sa version masculine, l'escarpin est tombé en désuétude, hormis en vernis où il reste le complément de certains vêtements de cérémonie (habit, jaquette)[8]. » L'escarpin connaît des versions multiples et variées. Un croisement s'établit entre l'escarpin à brides et la sandale à talon où le pied se dénude de diverses manières mais jamais dans sa totalité, ajoutant à la sensualité et au caractère érotique de cette chaussure.

Mule en veau velours framboise,
talon métal, relief des doigts accusé.
André Pérugia, 1952.
Gracieuseté du Musée Charles-Jourdan,
Romans. Photo : Joël Garnier.

Avec la sandale ou la chaussure à bout ouvert très à la mode dans les décennies 1930-1940, tout l'art de la pédicure connaît un engouement nouveau. Plusieurs articles paraissent dans *La Revue Moderne* renouvelant à cet égard des conseils avisés[20]. De même, de plus en plus de publicités de vernis à ongles mettent en valeur les doigts de pied.

Parce qu'elle dénude le pied, la sandale est également une des chaussures les plus érotiques. De toutes les formes de chaussures, elle est la seule qui dévoile le pied suffisamment pour attiser les fantasmes les plus débridés. Elle est l'*irréductible minimum* qui agace le regard et aiguise le désir. Si la mule est érotique par le fait qu'elle peut être enfilée directement et retirée de même, la sandale raffine la

La Revue Moderne, *février 1946, page 37.*
Bibliothèque de l'Assemblée nationale, Québec. Photo : Jacques Lessard.

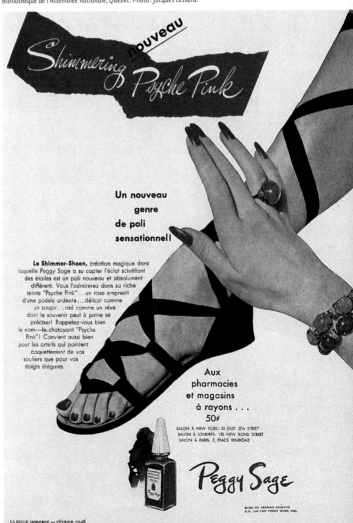

Bottine en chevreau bordeaux, boutonnée sur le côté, très haut talon retourné et impropre à la marche.

Autriche, vers 1900.

Gracieuseté du Musée International de la Chaussure, Romans, coll. Guillen, 68.3.224.

Botte en chevreau beige, entièrement lacée sur le devant, garants en chevreau noir, décor de piqûres et incisions sur fond noir, revers festonné beige et noir, bout rapporté en chevreau noir, talon Louis XV recouvert de chevreau noir avec liseré beige.

France, 1920-1925.

Gracieuseté du Musée International de la Chaussure, Romans, coll. Hellstern, 83.13.40.

séduction parce qu'elle pare et dévoile entièrement le pied. Une cheville bridée d'une mince lanière allie élégance et fantasmes fétichistes du *bondage* et de la domination en présentant le pied comme un esclave. Le contraste entre le cuir et la peau met en valeur le pied, ses courbes et ses cambrures, sa chair et sa sensualité. Sa forme la plus érotisante est pourvue d'un talon haut et de brides minimalistes.

De la bottine lacée au fétichisme

> La reine du lieu, au moment de quitter le théâtre, reprenait une toilette de simple mortelle et, accroupie sur une chaise, chaussait sans pudeur sa jambe adorable ; ses mains, grassement effilées, faisaient se jouer à travers les œillets les lacets du brodequin comme une navette agile, sans songer au jupon qu'il fallait rabattre. Cette jambe était déjà pour Samuel l'objet d'un éternel désir[21].

Les témoignages que rendent des peintures rupestres espagnoles datant de 13 000 ans avant J.-C. attestent que des hommes et des femmes portaient déjà des bottes de peau et de fourrure. « Dès l'Antiquité, on connaissait les brodequins, les guêtres et les bottes[22]. » Traditionnellement, la botte est un symbole masculin. Elle est une chaussure à tige plus ou moins haute recouvrant la jambe et faisant office de protection. Dans sa version féminine, elle apparaît au milieu du XIXᵉ siècle sous la forme d'une bottine, petite botte couvrant la cheville, lacée ou fermée à la faveur de nombreux petits boutons ronds. Elle s'inscrit dans un monde où la bienséance et l'étiquette font force de loi. L'Angleterre victorienne donne le ton d'un savoir-vivre codifié et pudibond visant à éloigner les cœurs et les corps de toutes influences pernicieuses jugées vulgaires. La négation du corps s'étend jusqu'à ne plus nommer certaines de ses parties, notamment le pied et la jambe.

Vers 1850, J. Sparkes Hall, bottier de la reine Victoria, conçoit une bottine à lacet, dite *botte de Balmoral*, qui connaît un succès foudroyant. Elle est créée à l'origine pour le prince Albert au moment où le couple royal se rendait au château

Bottine Balmoral de femme en cuir verni noir et maroquin.
J. Hewlett, Northampton, 1873.
Northampton Borough Council, Northampton, Royaume-Uni.

de Balmoral en Écosse. Le prince en appréciait, semble-t-il, les vertus amincissantes. Ce type de bottes est adopté par les hommes, les femmes et les enfants d'Angleterre et d'ailleurs. La bottine arrive à point nommé croit-on pour bien camoufler l'interdit et calmer les ardeurs. Faisant le pied menu et la cheville fine, enchâssée de cuir lacé, elle est désormais chargée d'un érotisme puissant et fait bientôt apparaître cette partie du corps comme un fantasme.

C'est également dans cette Angleterre baignée de tabous et d'interdits qu'apparaît le fétichisme. Vers 1850, tout un marché clandestin associant érotisme et talons hauts se développe. Conséquence d'une sexualité réprimée où sont bannies toutes allusions au corps féminin, les chaussures ou les bottines évoquent par association des parties plus cachées du corps et se transforment en substitut. Ce phénomène témoignerait d'un érotisme exacerbé par la frustration, la partie basse du corps féminin étant constamment ravie au regard masculin. « Alors que gorges et croupes sont généreusement soulignées, les jambes sont soustraites au regard de façon radicale, accumulant ainsi dans le secret mousseux des lingeries un autre capital érotique dont la rentabilité se mesure à l'intensité du culte voué aux mollets et à l'émoi provoqué par leur vision fugitive[23]. »

Mule en chevreau noir, volant et nœud en satin bleu ciel, petit cabochon en porcelaine, très haut et très fin talon formé d'une succession de bombouts en cuir, doublure en satin bleu ciel.

Autriche, XIXe siècle.

Gracieuseté du Musée International de la Chaussure, Romans, coll. Guillen, 68.3.222.

Un siècle et demi plus tard, le fétichisme reste un tabou par ses liens avec le sadomasochisme ou le travestissement. Le fétichiste manifeste une préférence pour les cuirs vernis noirs et leur aspect humide, les talons aiguilles outrageusement hauts associés à une sexualité féminine agressive et les cuissardes. Le talon haut entrave le mouvement d'une manière érotique, tandis que sa forme contondante séduit les mâles passifs qui se délectent de cette menace. Pour certains, soumission et domination semblent favoriser le plaisir. Dans d'autres cas, la chaussure remplace entièrement la partenaire.

En jurant à sa belle maîtresse de l'aimer toujours, Lussanville avait aperçu sur une commode sa jolie chaussure ; en sortant il s'en était adroitement emparé ; en se levant le lendemain, il écrivit ce billet. Je vous adore ; et pour vous le prouver, je me condamne au supplice le plus cruel pour un amant, à l'absence ; mais hier, je volai l'ornement de ce joli pied, qui fut le premier de vos attraits qui frappa ma vue : ce n'est pas que j'ai besoin de quelque chose pour me rappeler mon vainqueur ; mais c'est que je tiens à porter la divinité qu'adorera toujours Lussanville, c'est le plus précieux de tous ses biens[24].

Paradoxalement, en Occident où le fétichisme a toujours eu un caractère clandestin, les transformations des comportements sexuels ont donné naissance à une véritable mode fétichiste. Au cours des vingt dernières années, non seulement l'attirail fétichiste a acquis une certaine visibilité, mais ses chaussures sont passées dans la mode courante. Ainsi, au début des années 1970, vingt ans avant que Gaultier, Mugler ou Alaïa n'inscrivent la notion de féti-chisme dans le prêt-à-porter de luxe, Vivienne Westwood parade déjà dans Londres en talons aiguilles, dentelles et latex. Ses collec-tions sont toujours influencées par l'attirail fétichiste qui s'exhibe à travers ses scandaleuses chaussures ou bottines.

Par ailleurs, les chaussures que l'on associe générale-ment aux travailleuses du sexe relèvent d'un stéréotype for-tement ancré dans les mentalités et d'une

Chaussures en cuir verni noir, talons aiguilles métalliques.
Centre national de recherche et de diffusion du costume, Montréal.
Photo : Jacques Lessard.

image collective traditionnelle véhiculée par l'apparence des prostituées et des danseuses nues entre autres. La hauteur du talon est une caractéristique fondamentale. Plus il est haut, plus il transforme l'apparence du corps et le charge d'érotisme. Il contribue à la provocation des regards. Il met en évidence le corps comme une offrande. La démarche devient plus chaloupée mais par la même occasion plus entravée, suscitant l'illusion d'une possession facile. Le noir toujours fétiche et le clinquant d'un rouge criard s'associent à des symboles d'agressivité tels que des clous métalliques, des brides de chevilles cadenassées, des talons aiguilles métalliques aux allures d'armes redoutables. Les bottes hautes, les cuissardes, dont la tige moulante oriente les regards vers les organes génitaux, sont également chargées d'un érotisme puissant prenant part à cette imagerie stéréotypée. De ces chaussures typées émane presque toujours une connotation douteuse que l'on associe invariablement au sexe et à son commerce. C'est

Botte de femme en chevreau vert avec applications de vernis noir, tige ajourée avec brides, double boutonnage, talon Louis XV avec applications.

France, 1920-1925.

Gracieuseté du Musée International de la Chaussure, Romans, coll. Hellstern, 83.13.45.

l'apanage d'une séduction facile, sans détour ni subtilité.

Au début du XXᵉ siècle, comme la bottine permet davantage de liberté et de mobilité, elle symbolise le début de l'émancipation des femmes. Elle est communément portée jusqu'à l'orée des années 1915 où la remontée de l'ourlet découvrant le pied et la jambe la bannit pour céder aux caprices des bottiers qui feront de la chaussure un nouveau faire-valoir. La botte réapparaît dans le vestiaire féminin vers 1960, à l'instigation de Courrèges entre autres, et confère à la femme la symbolique d'affirmation, de pouvoir et même de prestige autrefois exclusivement masculine. La révolution sexuelle et la montée du mouvement féministe bénéficieront de ce puissant symbole. La mode et ses audaces donneront à la femme des allures de souveraine. Les nombreux reportages-mode qui ponctuent le fil des pages de la nouvelle revue *Châtelaine* illustrent bien le retour de la botte féminine. En 1962, on note déjà : « Balanciaga assortit de hautes bottes certains vêtements d'extérieur[25]. » L'année suivante on y lit :

Saint-Laurent fait sensation avec cette insolite silhouette à la fois gavroche et sportive. La taille et le buste à peine soulignés, les épaules bien en forme, c'est le triomphe de la nouvelle garçonne ! Coiffée d'un chapeau à la Robin des Bois, elle est fréquemment chaussée de longues bottes ou bas de tricot de fantaisie portés avec des talons bas. [...] Patou, à l'instar de Saint-Laurent préconise les longues bottes de cuir ou de daim[26].

Ces nouveautés, d'abord l'apanage de la mode française, ne tardent pas à rejoindre les goûts des Québécoises : « La mode lance les bottes qui montent jusqu'aux genoux et même plus haut... et elles sont adoptées d'emblée[27]. » En mai 1965, pour illustrer un article

Botte en crocodile marron rouge légèrement évasée, fermeture à glissière, patte décorative fermée par une boucle dorée, bout et talon carrés. Roger Vivier, 1965.

Musée de la mode Galliera, Paris, 1977.043.020. Photo : Pierrain/ Photothèque des musées de la ville de Paris.

qui présente des modèles des grands couturiers français copiés par des fabricants canadiens, on montre des mannequins portant les petites bottes blanches, cosmiques, dessinées par Courrèges et, semble-t-il, vendues chez Simons à Québec. En 1965, le nom d'Ungaro se joint aux représentants de la mode et témoigne de sa filiation avec Courrèges, qui lui a appris le métier. Il propose à son tour des vêtements de formes géométriques, portés avec casque et bottes[28]. En 1966, la botte poursuit sa conquête de la gent féminine : « La botte habille aussi bien la jupette d'un Féraud que le manteau presque à la cheville d'un Dior[29]. » En 1967, voilà que les bottes de fabrication québécoise s'affichent :

> Dernier cri : ces bottes en vinyle élastique et qui montent, montent bien au-dessus du genou. De vraies cuissardes ! Pour vous protéger des éclaboussures. Fabriquées à Montréal par Rosita Shoes Co., dans une gamme de coloris allant du beige au bleu, au vert, au noir. En vente chez Dupuis et Eaton. Environ $16.00[30].

Ces créations s'inspirent des plus grands bottiers du siècle. Ainsi, Vivier avait, la même année, lancé une botte élasticisée qui s'arrête à la cuisse et publicisée par *Châtelaine*[31]. L'engouement pour

Bottes de femme en cuir blanc. Courrèges, 1964.
Gracieuseté du Bata Shoe Museum, Toronto, P84.323.a-c.

la botte est international. À Rome, «la femme à la mode possédera donc une ou plusieurs paires de bottes cette saison. Et hautes et fines elles seront. Quelques-unes couvriront même la cuisse et feront comme un bas. Chez certains couturiers, on retrouve une influence russe. Les bottes ne sont évidemment pas étrangères à cet engouement[32]. Notons que cette influence slave s'est illustrée au pays par la botte cosaque. Enfin, la décennie 1970 s'ouvre sur des créations québécoises[33], notamment avec Anne-Marie Perron qui propose des vêtements d'allure très cosaque avec pantalon aux genoux et guêtres assorties et les créations de Maggie qui font valoir avec brio un coordonné jupe et bottes. En août 1970, les bottes longues et cirées, les cuissardes sont toujours à l'honneur[34] bien qu'elles côtoient des chaussures à talons larges et hauts, plus volumineux, annonçant déjà le retour des semelles compensées au cours de la décennie. ❧

La séduction au masculin

L ES CHAUSSURES du vestiaire masculin s'éveillent et se démarquent davantage au cœur du Moyen Âge avec l'avènement de la poulaine.

De la poulaine au design italien, les chaussures de Dandy

Cette chaussure à la pointe allongée, souvent démesurée, plaît à tous les hommes d'Europe pendant plusieurs décennies aux XIVe et XVe siècles. Cette mode *lascive et provocante* fut maintes fois décriée, mais en vain. Le long bout pointu était un évident symbole phallique, surtout lorsqu'il était rembourré de crin pour se dresser vers le haut. L'attrait de la poulaine réside en fait dans son manque de commodité :

> Elle fournissait la preuve que celui qui la portait n'était pas un travailleur ; contrairement aux paysans et autres classes défavorisées, il n'avait pas besoin de chaussures confortables. [...] Par son aspect frondeur, la poulaine plaisait aux jeunes gens, mais aussi aux hommes d'âge moyen, qui accueillirent avec enthousiasme cette mode suggestive[1].

Chaussures médiévales,
XIIIe-XIVe siècles.
Museum of London,
Londres, IT976.

Merveilleuse illustration de frivolité, elle devient néanmoins victime de sa popularité et est rejetée par les élégants qui réclament quelque nouveauté[2]. Le changement est radical et on voit apparaître la chaussure à bout écrasé qui, cette fois, rivalise en largeur.

L'apparition du talon au XVIe siècle donne à la chaussure mascu-

Chaussures d'homme « winkle picker ».
Raoul Merton, vers 1960.
Powerhouse Museum, Sydney, 97/218/3.
Don de Terence Mooney.
Photo : Sue Stafford.

PAGE PRÉCÉDENTE
Marco Magli.
Magli. Storia e immagini di una dinastia
de Samuele Mazza, Leonardo Arte, 1996.
Reproduction : autorisation de Bruno Magli. Photo : Mario Testino.

line un nouveau souffle de dignité. « Louis XIV, dont on sait qu'il mesurait à peine un mètre soixante-cinq, devait se sentir tout autre lorsqu'il avait enfilé les chaussures à talons hauts qui complétaient sa panoplie de Roi-Soleil. On sait qu'il portait souvent des talons de dix à douze centimètres, décorés parfois de scènes de bataille ou d'idylles en miniature[3]. » Sous Louis XIV, le vestiaire masculin atteint des sommets dans l'ornementation jusqu'alors inégalés. Les chaussures comme le reste de l'habillement disparaissent pratiquement sous l'abondance des rubans et l'exubérance des rosettes. Les chaussures des gens à la mode étaient cousues de soie et brodées d'or et d'argent sur tout le pied, avec d'innombrables fanfreluches. Les boucles qui les remplacent sont nettement plus sobres mais, au milieu du XVIIIe siècle, elles deviennent un authentique signe de richesse permettant d'évaluer au premier coup d'œil la fortune, le rang et le goût de leur propriétaire. Les élégants en possèdent parfois une cinquantaine — en argent ou en vermeil pour le quotidien et incrustées de pierreries pour les grandes occasions, et même de jais pour les enterrements. Les boucles deviennent universelles, même si l'*Artois*, large boucle en argent torsadé, la plus élégante de toutes lancée par le Comte d'Artois vers 1750, est hors de prix. Évidemment on ne se hasarde pas dans les rues avec de vrais diamants aux pieds, et le strass connaît une grande vogue. Le lacet *efféminé* remplace la boucle, bien que l'on conserve cette dernière dans les habits de cour et les grandes occasions jusqu'au milieu du XXe siècle.

Chaussures d'homme en soie crème appliquée sur une toile de lin, brodées à la chenille en vert et orangé et aux fils d'or et d'argent, pattes retenues par un ruban, large bout carré incurvé et talon quille gainé de taffetas rose.
Anonyme, vers 1660.

Musée de la mode Galliera, Paris, 1920.001.380 A/B. Photo : Pierrain/Photothèque des musées de la ville de Paris.

Chaussures d'homme en cuir noir et soie, tricotées ajourées noires, incrustation simulant un bas de soie, oreilles de quartier fixées par un ruban, bout et talon carrés. Anonyme, vers 1830.

Musée de la mode Galliera, Paris, 1998.114.001 A/B. Photo : Pierrain/Photothèque des musées de la ville de Paris.

Jusqu'au XVIIe siècle, les chaussures avaient été quasi unisexes si ce n'est que celles des femmes, cachées par leurs longues robes, étaient moins ornementées que celles des hommes. Dans la deuxième partie du siècle classique, la botte pour homme devient le soulier de prestige et le restera encore deux cents ans, laissant à la femme la chaussure décorative. Les hommes renoncent ainsi à leur droit d'employer les diverses formes de parures brillantes, gaies et raffinées.

Même s'ils portent de plus en plus des souliers conçus avant tout pour une vie active, les hommes ne se détournent pas entièrement des formes et des couleurs. Le noir et le brun sont les tons favoris, mais le fauve et les teintes pâles se voient fréquemment chez les hommes de qualité. Dans leur vie privée, ces messieurs portent des pantoufles ou des mules de soie ou de brocart rebrodées. L'homme raffiné prend un soin extrême de son aspect ; bottes et chaussures revêtent une grande importance. Elles doivent bien sûr être à la mode, mais aussi impeccablement entretenues. La Révolution

Mule d'homme en soie brodée, vers 1650.

Northampton Borough Council, Northampton, P113.1974.1., Royaume-Uni.

◄ Dessin : Charles Hutin.
Gravure : J. Daulle, 1752.

Musée de la civilisation, dépôt du Séminaire de Québec, 1993.27509. Photo : Pierre Soulard.

française a mis un terme aux excès de l'apparence dans le vêtement masculin. Ce que Flügel a appelé :

La Grande Renonciation Masculine.

L'homme cédait ses prétentions à la beauté. Il prenait l'utilitaire comme seule et unique fin. Les raisons semblent être avant tout d'ordre politique et social et intimement liées, à leur origine, à ce bouleversement majeur que fut la Révolution française. La magnificence et le raffinement de la toilette, conformes aux idéaux de l'Ancien Régime, ne purent qu'être jugés incompatibles avec les nouvelles aspirations et désirs qui animaient l'esprit révolutionnaire. Le nouvel ordre exigeait quelque chose qui exprimât plutôt le fond humain commun à tous. Pour ce faire, il fallut avoir recours à une plus grande uniformité vestimentaire à laquelle on parviendrait en abolissant les distinctions entre riches et humbles, distinctions reposant en grande partie sur un habillement aristocratique plus raffiné et coûteux[4].

Cette évolution dans la parure vestimentaire est également liée au respect que l'on accorde désormais à l'idée de travail. Fort de l'idéal révolutionnaire, l'homme sort des salons pour prendre le chemin du bureau où l'on s'accommode fort bien d'une tenue simple.

Tandis que les idéaux mercantiles et industriels gagnaient du terrain jusqu'à être finalement acceptés par les aristocraties des pays développés, le costume uniforme et simple évinçait progressivement les toilettes somptueuses et raffinées caractéristiques de l'ordre ancien[5].

Sous l'égide de George Bryan Brummell, les dandys britanniques prennent le relais au XIXe siècle pour fixer les lignes du vêtement masculin tel qu'on le retrouve encore de nos jours en Occident. Attitude et pratique de l'élégance, le dandysme se définit

George « Beau » Brummel.
Richard Dighton.

Histoire de la mode masculine *de Colin McDowell, Éditions de La Martinière, 1997. Reproduction.*

comme une véritable philosophie du paraître. Tout considérer avec distance, être au cœur de ce jeu de l'apparence pure, voilà le vrai dandysme du *Beau* caractérisé par une rigoureuse simplicité, une distinction qui ne tombe jamais dans l'excentricité. Les dandys n'hésitent pas à se bander les pieds, et il y a toujours eu des hommes coquets pour s'acheter des souliers trop justes[6]. Hypersensible à toute faute de goût, Brummel avait le sens inné d'une certaine *convenance exquise en matière d'habillement*. Habituellement chaussé de bottines lacées ou d'escarpins, le matin il portait des bottes courtes à revers. Cette savante simplicité du costume britannique, imitée de toute la mode masculine du XIXᵉ siècle, est toujours de mise. Brummel et les dandys de son temps ont introduit un style froid et correct dans l'habillement des hommes.

De même, l'industrialisation et le prêt-à-porter ont grandement contribué à l'uniformité des chaussures masculines. Certains grands noms du sur-mesure persistent comme la marque d'un savoir-faire et d'une qualité hors du commun : la très célèbre maison *Lobb of St. James* de Londres, qui a également pignon sur rue à Paris, affiche,

Oscar Wilde.
Histoire de la mode masculine de Colin McDowell, Éditions de La Martinière, 1997. Reproduction.
Photo : Napoléon Sarony.

dans son carnet de commandes, les noms des plus grands de ce monde. Les formes cependant demeurent rigoureusement simples et peu fantaisistes. Leur attrait réside dans la qualité des matériaux et dans le raffinement d'un art de faire.

William Rossi a élaboré une catégorisation de la chaussure masculine en fonction de son potentiel de séduction. La catégorie qui retient notre attention est la *chaussure sensuelle*[7]. Elle chausse l'homme conscient de son propre corps et de celui de la femme, non pas d'une manière agressive ou lubrique mais charnelle parce qu'il apprécie les plaisirs de la vie. Cette sensualité *naturelle* s'exprime par le choix des vêtements et des chaussures. Les chaussures sensuelles s'inspirent du goût italien, espagnol ou français, c'est-à-dire qu'elles sont appréciées des Européens, des Sud-Américains, des Asiatiques, mais plus rarement des Américains, et généralement des femmes. Légères, flexibles, faites de cuir doux, de couleur neutre, avec des semelles minces et des talons moyens, ces chaussures sont de coupe confortable, peu originale, mais actuelle. Ceux qui les adoptent ont les pieds sensibles au toucher. Ils portent ces souliers avec une pleine confiance en leur masculinité. Le design italien constitue dans une large mesure un des emblèmes actuels de la chaussure sensuelle. À notre époque, la chaussure masculine sensuelle est plus subtilement érotique.

Marco Magli.
Magli. Storia e immagini di una dinastia de Samuele Mazza, Leonardo Arte, 1996. Reproduction : autorisation de Bruno Magli.
Photo : Mario Testino.

Bottes de gentleman en cuir bourgogne.
France, 1895-1903.
Gracieuseté du Bata Shoe Museum, Toronto, P84.91.ab.

Elle va bien au-delà de l'idée que l'on se fait du pied et reflète la personnalité de son porteur.

Les bottes de cavalier : honneur des gentilshommes

La botte est sans contredit un des éléments emblématiques du vestiaire masculin. Souveraine depuis le XVIIe siècle, elle se définit comme une chaussure de prestige dont le règne ne s'achève qu'à l'aube du XXe siècle. Si la forme change, tantôt plus haute tantôt plus large, le message demeure.

> Les bottes avaient un côté *macho*. Elles donnaient envie de jouer les bravaches ; elles amenaient dans l'intimité du foyer des relents de longues chevauchées, de sanglantes batailles et de camaraderie masculine. Elles étaient par excellence l'attribut du mâle [...]. La différence entre souliers d'homme et de femme — et les attitudes qui en découlent — apparaît clairement à compter de cette époque, les hommes portant de plus

Lord Ribblesdale.
John Singer Sargent, 1902.
Huile sur toile.
National Gallery, Londres,
NG 3044.

en plus souvent des bottes et laissant aux femmes les chaussures décoratives qui limitaient leurs déplacements[8].

Au début du XVIIe siècle, l'usage de la botte devient si populaire que le roi Henri IV favorise le développement des tanneries où l'on prépare le cuir à la manière hongroise. Elles produisent un cuir servant à la fabrication des bottes souples moulant le mollet et la cuisse. En 1608, ces bottes élégantes sont admises à la cour, dans les salons et les bals. À partir de 1620, les bottes à entonnoir, dites aussi à chaudron, peuvent se relever sur le genou, pour monter à cheval, ou s'abaisser autour du mollet. Le talon permet de prendre un meilleur appui sur les étriers. À l'intérieur de la botte, on porte des bas de botte en toile ornés de dentelles afin de protéger les bas de soie. Ils décorent le haut de la botte appelé

Vauban.

Anonyme. Estampe.

Musée de la civilisation, dépôt du
Séminaire de Québec, 1993.27951.
Photo : Jacques Lessard.

Bottes hessoises. États-Unis, vers 1860.
Gracieuseté du Bata Shoe Museum, Toronto, P83.181.ab.

entonnoir. Les lazzarines ou ladrines, bottes plus légères et plus basses à revers épanouis, sont très en vogue sous Louis XIII. À partir de Louis XIV, la botte se porte à la chasse et à la guerre mais disparaît des salons et de la cour. La botte forte, portée jusqu'au début du XIXe siècle par les militaires et les postillons, est progressivement remplacée dans les milieux élégants par une botte plus souple[9].

Au XVIIIe siècle, la botte masculine se fait plus élégante et moins large ; elle a des revers doublés de cuir brun pour contraster avec le noir de la tige.

> Il est à peu près certain que la supériorité acquise par la cavalerie, donc par des hommes bottés étant à l'origine d'une noblesse nouvelle et de dynasties souveraines, a joué un rôle considérable dans son expansion. [...] Nous avons des documents qui montrent la caste des cavaliers, des conquérants, des nomades affirmer, par le seul usage de la botte, sa supériorité sur les hors castes que représentent la piétaille, les conquis, les sédentaires. Dans l'Inde, en Chine et à chaque fois pendant longtemps, les conquérants de l'Asie centrale, Turcs, Mongols, Afghans, tous les cavaliers ont continué à vivre incommodément bottés et se sont fait représenter bottés afin que ne fût pas perdu le souvenir de leur origine et de leurs exploits chez les peuples qui ne portaient guère que des sandales, des babouches[10].

Bottes Wellington.
Musée de la civilisation,
Québec, 42-27.
Photo : Jacques Lessard.

Jalonné d'innombrables guerres, le XIXe siècle fut l'âge d'or de
la botte. La botte hessoise, très populaire, est dite parfois botte au-
trichienne. D'origine germanique, elle gagne la faveur de toutes les
villes d'Europe. Introduite en Angleterre vers la fin du XVIIIe siècle,
elle est très prisée de Brummel. Découpée en V sur le devant et décorée de glands, elle fait grand effet. Arthur Wellesley, premier duc
de Wellington, donne également son nom à une botte. Les hommes
du monde la préfèrent à la botte hessoise en raison de sa finesse qui
permet de la porter sous un pantalon étroit sans en gâter la ligne.
Au XIXe siècle, elle fait partie de l'imagerie du héros gentilhomme.

Face aux troubles qui agitaient la France et aux mutations qui secouaient
l'Amérique, les Anglais inventèrent le culte du gentilhomme-héros. Fort,
musclé, ancien élève d'une école privée de renom, il devait démentir par
son identité le sarcasme de Thomas Paine qui réduisait la classe diri-

geante à un harem d'hommes. L'héroïsme devenait une prérogative des milieux dominants, et s'il ne séduisit guère Brummel, on considérait que les hommes d'importance devaient dans leur toilette, tendre vers l'idéal du héros — ne serait-ce que pour répondre au désir des femmes. Le culte du héros moderne, l'homme d'action romantique, s'esquissait autour de Nelson et Wellington, personnification de l'idéal masculin[11].

Il est paradoxal que, en dépit de leur nature éminemment fonctionnelle, les bottes aient toujours été des accessoires de mode. Les dandys, les élégants et les gentilshommes n'ont jamais admis que la botte, même utilitaire, soit ennuyeuse. Elle a de tout temps été un sujet d'orgueil, reflétant l'élégance et le rang social.

Le charme mythique du cow-boy

L'homme de l'Ouest américain ouvre des frontières, crée ses propres lois et cultive la terre pour lui-même et non plus pour un maître. Il constitue aux yeux du monde le modèle de l'homme d'action, incarné par le cow-boy. «On ne peut que sous-estimer l'impact du cow-boy sur la psychologie de l'Américain et son comportement vestimentaire. Il lui donna confiance en lui, l'invitant à écouter son instinct plutôt qu'à imiter l'homme européen [...]. Ce qui a le plus touché l'imaginaire des Américains, c'est l'Ouest, [...] la terre qui les a transformés en héros[12]. »

La littérature et la peinture populaires ont glorifié l'Ouest, fixant dans l'imaginaire une vision romancée de la vie et du personnage du cow-boy. «Ruades de chevaux, feux de camp, rencontres avec les Indiens constituèrent les fondements d'une mythologie du héros viril au corps mince et sain[13]. » Au début du XXe siècle, il incarne le dynamisme et l'optimisme de l'Amérique, personnifiant du coup le modèle de millions d'immigrants européens. Parmi les attributs du cow-boy, les bottes sont, avec le denim et le chapeau Stetson, des emblèmes qui ont su résister, avec un certain panache, au passage du temps.

La botte de cow-boy est à l'origine une botte de travail faite de peau dure et rigide, destinée à protéger de la pluie, de la boue, des sabots des chevaux et des morsures de serpents. Les rudes gaillards, durs à la tâche, les *vaqueros* mexicains employés au début du XIXe siècle pour convoyer le bétail des pâturages aux abattoirs des villes comme Chicago n'étaient pas des héros romantiques et n'avaient rien en commun avec les idoles viriles chères aux magnats de

Hollywood dans les années 1920 et 1930. En effet, le cinéma a exacerbé la virilité du personnage en lui fabriquant des valeurs héroïques auxquelles il n'a cessé d'être associé depuis. À l'écran, les cow-boys séduisent. Gene Autry et Roy Rogers chevauchent les grandes étendues, vêtus comme des gravures de mode. Leurs bottes sont rehaussées des motifs inspirés de l'imagerie western dans des coloris variés.

Le style western constitue la grande contribution américaine au costume du XXe siècle. Introduit dans les temples de la mode parisienne en 1949 par Jacques Fath au retour d'un séjour au Texas, il sera sans cesse recyclé. De nombreux présidents américains ont

Bottes « Goode Company », « Grandpa », « Cactus » et « Cheval » de Dave Little.
Catalogue Little's Boots, San Antonio, Texas. Reproduction : autorisation de Dave Little.

jugé bon d'exhiber une paire de bottes de cow-boy. En 1948, Harry Truman commande les siennes à Tony Lama, qui baptise le modèle *El Presidente*. Son exemple est suivi par Eisenhower, Lyndon Johnson, Jimmy Carter, Ronald Reagan et George W. Bush.

Le terme *cow-boy* est intégré au vocabulaire de la mode tant masculine que féminine. En tant que sous-catégorie de la botte cavalière, la botte de cow-boy, ou *santiag*, évoque immanquablement l'homme des grandes chevauchées de l'Ouest sauvage, de sorte que la symbolique du cow-boy et celle de la botte sont étroitement liées. « Le cow-boy est un symbole pur. [...] À l'instar du chevalier, il est porteur d'un code moral[14]. »

Aujourd'hui, les hommes qui portent des *santiags* s'identifient à certains éléments du mythe du cow-boy. On les rencontre notamment dans les États de l'ouest et du sud-ouest des États-Unis. Le courant musical *country* a sa part d'influence dans les regains constants de la mode de la botte de cow-boy. À la fin des années 1970, elle effectue une percée dans le monde du disco et donne naissance à un nouveau style de cow-boys urbains. Andy Warhol, Catherine Deneuve et même Anouar al-Sadate se font photographier chaussés de *santiags*. John Travolta renforce la tendance dès la sortie du film *Urban Cowboy*.

De par son côté ultraviril, le personnage du cow-boy fait aussi partie de l'iconographie gay. Les *santiags* renforcent l'image déjà très machiste du cow-boy, lui conférant un panache masculin supérieur à celui que peut donner une chaussure masculine ordinaire. Qui plus est, la botte de cow-boy est une des rares chaussures masculines à talons. La symbolique de la botte de cow-boy s'exprime dans la capacité de l'homme à afficher sa virilité.

De la botte d'infanterie au machisme

Toutes les composantes de l'uniforme militaire ont influencé la mode masculine dès le XIXe siècle. Provoquant depuis des siècles un double effet de séduction et de peur, l'armée et la guerre sont synonymes de privations mais aussi de prestige. Au XVIIe siècle s'organise le concept d'armée permanente fournissant, en plus d'une solde régulière, nourriture, soins médicaux et vêtements. La vie militaire séduit les marginaux, les saisonniers, les ouvriers temporaires. «L'une des principales motivations tenait à l'éclat de l'uniforme, symphonie de rouge, de bleu, doré, blanc et noir rehaussée par une épée en argent étincelante[15].» Le soldat allait devenir le nouveau dandy du XXe siècle.

Par définition, le militaire se situe en marge de la société et de ses règles. Soulignant sa virilité, son habit n'est pas dénué d'un certain érotisme. L'uniforme militaire français était de loin le mieux coté, Napoléon y ayant veillé personnellement. L'armée prussienne réorganisée sur le modèle russe s'inscrit également comme un des fleurons de la mode en Europe. « Tous les pays, en dehors de l'Angleterre, s'efforçaient alors de redonner de l'éclat à leurs costumes de parade. On rembourrait la poitrine, on rapetissait les vestes, on emprisonnait les cuisses dans des culottes moulantes et les mollets dans des bottes en cuir rutilant[16]. » Sans compter la valeur ajoutée des nombreux ornements. Toute cette splendeur et ces silhouettes dévoilées contribuent à faire du militaire un symbole sexuel au XIXe siècle. Sa marginalité et son incarnation d'un héroïsme mêlé de virilité alimentent et confirment précisément ce symbolisme. « Dans l'armée, le prestige de l'habit était essentiel chez les officiers et les soldats pour promouvoir l'esprit de corps sur lequel reposaient la fidélité et la discipline[17]. » Cette capacité à développer la camaraderie plébiscitée par l'uniforme militaire est récupérée dans l'usage actuel des bottes d'infanterie. La bottine d'armée s'associe aux fantassins, aux militaires de terrain, qui vont à pied au-devant de l'ennemi. Ces soldats font corps, soudés les uns aux autres par un lien plus solide et plus fort que nul autre. Les angoisses partagées, le spectacle désolant de la mort, de la perte de camarades, endurcissent et cimentent les liens, la connivence d'avoir vécu ensemble les mêmes horreurs. Les bottes de ces soldats récupèrent ces symbolismes du héros viril, adhérant à un groupe qui affiche des valeurs de camaraderie masculine et de dur à cuire, de dominateur auquel on doit le respect. Un club sélect réservé aux hommes.

Le machisme, selon le *Petit Robert*, est l'« idéologie suivant laquelle l'homme domine socialement la femme et a droit à des privilèges de maître ». De façon générale, la botte masculine symbolise ce caractère

Militaires du Royal 22ᵉ Régiment,
La Citadelle, Québec.
Photo : Maryo Goudreault/L'imagier.

prédominant, mais particulièrement la botte militaire. Elle intègre l'image du caractère agressif de l'occupation. Bismarck a dit : « La vue et le bruit des bonnes bottes prussiennes qui défilent sont en elles-mêmes une arme militaire puissante. » Le pas de l'oie des soldats de Hitler, avec leurs lourdes bottes cloutées, répandait la terreur. Le général Patton aimait à dire : « Un soldat qui porte des souliers n'est qu'un soldat. Mais en bottes, il devient un guerrier. » Les bottes militaires ont une double fonction. Elles doivent impressionner l'ennemi et permettre de s'imposer, mais également paraître aussi séduisantes et fringantes, car elles font partie des éléments vestimentaires qui contribuent au prestige de l'uniforme.

Empreinte d'agressivité et forte de son caractère de domination, la botte militaire, notamment la botte de combat américaine, celle des G.I., de même que la Doc Martens sont récupérées par les commandos urbains composés principalement de la jeunesse citadine attirée par la violence des combats, qu'elle n'a pas connue. De la même manière, le développement de la mode gay branchée a favorisé la naissance d'un style très masculin reprenant, entre autres, l'usage de la botte de combat. ❖

2ᵉ Bataillon du Royal 22ᵉ Régiment. Groupement tactique. Opération Cavalier, Bosnie, 1993.
Gracieuseté des Archives du Royal 22ᵉ Régiment, Québec.

Conclusion

L A CHAUSSURE est toujours émouvante parce qu'elle porte l'histoire du monde, ses bonheurs, ses audaces, ses fantaisies, ses blessures, ses violences, ses excès, ses aspirations, ses déchéances et ses gloires. Dans les lignes de son cuir comme dans celles d'une main, nous avons démontré qu'il est permis d'entrevoir la profondeur de l'apparence.

Ces constats permettent de comprendre le rôle de la chaussure dans les jeux de l'apparence, notamment dans son rapport à la dynamique de la séduction où elle apparaît à la fois comme faire-valoir et comme indice de l'identité. Le corps, fondement de l'apparence, s'impose par sa forme et son opacité manifeste comme le matériau essentiel et singulier de l'existence, de la présence. La verticalité met le corps en évidence dans une perspective qui favorise le regard et la vue au détriment de l'odorat dans l'appréhension du monde. Autrui prend alors une place fondamentale dans cette dynamique du regard. Les corps ainsi mis à portée de l'œil s'érigent désormais en autant de points de mire, en autant de miroirs. L'ornementation et la parure apparaissent bientôt comme les instruments d'un exhibitionnisme exacerbé par une surenchère de la sollicitation des regards. Au-delà des valeurs de pudeur et de protection, l'habillement du corps contribue à sa mise en valeur, à sa représentation et favorise la construction de l'apparence comme problématique sociale. La mode et les modifications de la silhouette par des éléments du costume tels que braguettes, chaussures à la poulaine, talons vertigineux, tournures et faux-cul, y contribuent largement.

Les corps parlent, s'expriment dans un langage codé qui s'entend dans les interstices du silence symbolique qui les baigne. Les clés de ce langage inaudible se trouvent insérées à l'intérieur même du système de références sociales et culturelles qui lui octroie sens et valeurs. La perception sensorielle, par le déploiement des sens, contribue à l'appréhension et à la compréhension de l'apparence, de la présence. La sonorité d'une démarche permet de déterminer la présence d'autrui, son état d'esprit, sa disposition. La vue d'une chaussure offre un champ sémantique très large et ouvre une brèche sur l'identité. Le pied et son revêtement qu'est la chaussure sont en effet investis d'un ordre symbolique renvoyant à l'origine même de l'humanité. Ainsi, la symbolique d'ordre sexuel liée au pied et à la chaussure est-elle omniprésente dans les diverses formes de chaussures contemporaines associées à la séduction : que ce soient des escarpins voluptueux aux lignes sinueuses, des mules délicates et racées, incrustées de strass, ou de somptueux Richelieu à boucle de chez Lobb.

En concentrant notre regard sur le pied et la chaussure, et sur la place qu'ils occupent dans la mise en scène de l'apparence, nous avons démontré leur importance dans les rapports sociaux et comment ils colorent la présence. La chaussure influence à sa manière les relations humaines. Elle suscite l'évaluation et est soumise au jugement. Elle prend part à la présentation physique de soi, matérialise la présence par sa forme, son décor ostentatoire ou sa sobriété, sa sonorité, aussi bien qu'elle véhicule des valeurs morales par la sensualité de ses courbes, de ses peausseries fines, la hauteur de son talon et le jeu de ses brides. Si elle n'échappe pas aux stéréotypes, elle prend part activement à la fonction révélatrice du vêtement tantôt avec exubérance tantôt avec discrétion : de la démesure des échasses à la Westwood à la sagesse d'un escarpin de chevreau pleine fleur.

L'étude du costume (par extension celle de l'apparence et du corps) en tant que fait social total nous autorise à considérer qu'il occupe une place prépondérante dans la transition qui amène la civilisation à passer de la nature à la culture. Le corps, l'apparence, le costume sont des *lieux* de prédilection pour l'étude et la compréhension des sociétés et de la culture qui les baigne. La chaussure, à l'instar de toute valeur ajoutée sur le corps, établit une distance entre la nature et la culture. Le corps étant nature lui-même, n'y a-t-il pas lieu de croire que tout geste qu'on lui porte, tout ce qui l'introduit à la culture, au façonnage, à l'habillement, à l'initiation, à l'embaumement, constitue en somme une provocation de la nature elle-même, une façon détournée d'atteindre son essence, de toucher son intégrité ?

La chaussure prend la forme d'un prétexte à la découverte d'une dimension profonde d'autrui et, à l'inverse, elle est une porte ouverte sur soi. Elle devient allégorie en accumulant les indices de l'identité. L'apparence est un rituel auquel la chaussure participe. C'est ce rituel qui façonne la présence et force les regards à sonder

Sandale en suède rouge créée pour Madonna dans son rôle d'Evita Perron dans le film Evita *d'Alan Parker en 1996.*
Gracieuseté du Musée Salvatore Ferragamo, Florence.

ses atours. À la surface du corps s'articule un langage qui n'est autre chose que l'écho de sa profondeur.

La question de l'apparence soulève encore bien des débats et nous ne saurions prétendre que la perspective choisie, concentrée autour de la chaussure et de la séduction, suffise pour en saisir toutes les nuances. En effet, au chapitre du fétichisme, que représente l'escarpin de Marylin pour ceux qu'elle subjugue encore ? Qu'en est-il de ces éléments de collection qu'affectionnent particulièrement les musées ? Ces chaussures-substituts n'ont peut-être pas d'intérêt formel, ne portent peut-être pas la griffe d'un grand bottier, pourtant elles brillent d'une aura qui leur procure une valeur exceptionnelle. Pour le mythomane, la chaussure de star est séduction pure, un objet de désir si puissant qu'il ne saurait trouver de répit en dehors de la possession.

Qu'en est-il encore de cette chaussure-muse qui inspire suffisamment l'artiste pour qu'elle devienne à son tour œuvre d'art ? D'objet fonctionnel, elle devient sujet, sublimant tous les symbolismes qu'elle supporte jusqu'à transcender l'apparence et devenir à son tour illusion, séduisant l'esprit et l'imaginaire.

La chaussure n'est pas un objet banal. Au-delà des valeurs de séduction et de fétichisme, elle parle de soi sans retenue. À notre insu, elle dévoile parfois des secrets très intimes. Elle peut même, à l'occasion, nous trahir, nous nuire certainement. Ne pas se méfier d'un objet si quotidien, c'est faire preuve d'inconscience et oublier la relation étroite qu'il entretient avec notre propre corps. ❖

Rococò, *verre et bois.*
Ritsue Mishima, Venise, 1991.
Samuele Mazza, *Cinderella's Revenge*, San Francisco, Chronicle Books, 1994.

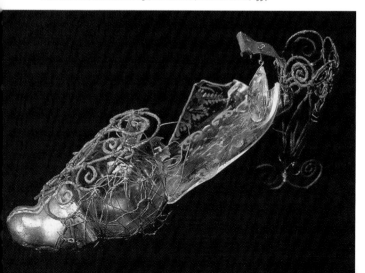

Dessin : René Gruau. ▸
Magli. Storia e immagini di una dinastia *de Samuele Mazza, Leonardo Arte, 1996. Reproduction : autorisation de Bruno Magli.*

Les designers

BLAHNIK, *le passionné*

Manolo Blahnik apporte à la chaussure contemporaine un souffle d'une incontestable extravagance. Ses chaussures exhibent avec audace et désinvolture une sensualité hors du commun. Elles célèbrent une féminité qui allie fougue et aristocratie.

Manolo Blahnik, 1999.
Photo : Michael Roberts.

Né aux Îles Canaries en 1942, d'un père tchèque et d'une mère espagnole, Manolo Blahnik s'intéresse d'abord à l'histoire de l'art et à la littérature, qu'il étudie à Genève à l'âge de 15 ans. Installé à Paris en 1965, il fait l'École du Louvre et l'École des Beaux Arts. Puis en 1970, il s'établit à Londres, alors en pleine effervescence. Le moment est propice à la création, surtout dans le domaine de la mode. Manolo Blahnik observe, expérimente, cherche une voie qui réponde à cette volonté artistique qui l'envahit comme une urgence. Lors d'un séjour à New York en 1971, il présente son portfolio à différents employeurs dont l'éditrice de *Vogue*, Diana Vreeland. Au terme de l'entrevue, enthousiaste, la grande dame de la mode se prononce en faveur de la chaussure. Exhalté, Blahnik relève le défi avec brio. Ils resteront liés.

Il fait ses premiers pas dans une maison appelée Zapata et, dès 1973, dans Old Church Street à Londres, on trouve une enseigne à son nom.

Une griffe qui lui permet de conquérir le monde de Londres à Los Angeles, de New York à Hong Kong. Toujours inspiré, Blahnik illumine d'abord le papier de ses dessins aériens. Puis, c'est en Italie que sont fabriquées ses chaussures grâce au savoir-faire d'artisans renommés qui respectent avec

Dessin : Manolo Blahnik.
Manolo Blahnik de Colin
McDowell, Cassell, 2000.
Reproduction : autorisation de
Manolo Blahnik, Londres.

dévotion les formes parfaitement équilibrées, sculptées à la main par Manolo Blahnik.

Si les plus grands créateurs du XXᵉ siècle, de Perry Ellis à Isaac Mizrahi, de Calvin Klein à John Galliano, ont su mettre leurs créations en valeur en les associant aux chaussures de Manolo Blahnik, c'est que celui-ci a fait de la chaussure l'accessoire le plus performant de l'apparence, son affirmation par excellence. Une reconnaissance confirmée par les prix dont il est honoré : le *CFDA Special Award* en 1987, le prix du *Outstanding Excellence in Accessory Design* en 1990 et le *Fashion Designers of America Awards* en 1997.

Blahnik exhibe avant tout un goût exceptionnel, remarquablement sûr, qui le propulse bien au-delà de la mode et lui permet de créer des chaussures intemporelles, à l'abri des courants et des tendances. Fin observateur des gestes et des attitudes des grands de ce monde, il interprète et modernise les traits évocateurs d'une féminité racée, stylée. Féru de littérature, d'architecture et de cinéma, Manolo Blahnik vit intensément, à la mesure de sa personnalité plus grande que nature. Son rapport à la chaussure s'apparente à une véritable histoire d'amour qu'il nourrit passionnément. ❖

Sandale.
Manolo Blahnik, 1999.
Photo : Michael Roberts.

FERRAGAMO, *le génie italien*

Bottier italien renommé, Salvatore Ferragamo voit le jour en 1898 à Bonito, petit village pauvre du sud de l'Italie. Fils de paysan, il fabrique sa première paire de chaussures à l'âge de 9 ans pour la première communion de ses sœurs, qu'il ne voulait pas voir entrer dans l'église avec des sabots aux pieds. Fort de cette expérience, il apprend le métier de bottier à Naples et ouvre une boutique dans la maison paternelle à l'âge de 14 ans. Ambitieux et décidé, il émigre aux États-Unis en 1914 et s'installe à Santa Barbara en Californie, où il travaille pour l'American Film Company. En 1923, à Hollywood, il crée des chaussures pour les grandes épopées bibliques dont *Les Dix Commandements* et *Le Roi des rois* de Cecil B. DeMille. Les grands studios reconnaissent son talent exceptionnel et les plus grands noms du cinéma sont chaussés par Salvatore Ferragamo, à l'écran comme dans la vie. L'originalité de ses créations révèle une imagination sans bornes. Il réalise des chaussures dans toutes les gammes de matériaux, des plumes de colibri à l'écorce, auxquels il donne des formes aussi inusitées qu'un bec de perroquet ou un talon en tire-bouchon.

Salvatore Ferragamo ajustant une paire de sandales en or. Salvatore Ferragamo, 1956. Gracieuseté du Museo Salvatore Ferragamo, Florence.

Soucieux de confort autant que d'esthétisme, il étudie l'anatomie à l'Université de Californie où il retient le rôle fondamental de la voûte plantaire dans la répartition du poids du corps. Il met au point un support de voûte en acier qu'il intègre à tous ses modèles. De retour en Italie en 1927, il établit à Florence les bases d'une des plus importantes dynasties de la mode italienne. Le Palais Spini-Feroni qu'il acquiert alors, abrite toujours l'entreprise familiale mondialement reconnue.

Les difficultés de la guerre et la récession qui prévaut dans l'industrie du cuir n'empêchent pas le créateur de suivre les élans de son inspiration. Il utilise des matériaux tels que la paille, le chanvre, le

Sandale en or 18 kt, évaluée à 1000 $ au moment de sa création en 1956. Gracieuseté du Museo Salvatore Ferragamo, Florence.

Sandale avec brides de chevreau doré, plate-forme et talon formés de couches de liège recouvert de suède de teintes variées. Sandales créées pour Judy Garland.

Salvatore Ferragamo, 1938.

Gracieuseté du Museo Salvatore Ferragamo, Florence.

papier tressé. Il remplace l'acier de sa fameuse cambrure par du liège. Il réalise alors sa plus célèbre création : la semelle compensée qui connaît une popularité extraordinaire. Elle contribue grandement à la gloire du bottier. De même, la sandale invisible, créée dans les années 1940, dont l'empeigne est un véritable entrelacs de fils de nylon, et le talon en F caractérisent de façon marquante la création de Ferragamo. L'effervescence que connaît l'Italie dans les années 1950 fait de Rome, Amalfi ou Portofino les destinations touristiques des plus fortunés qui ne manquent jamais d'effectuer un arrêt à Florence pour se procurer les dernières créations du célèbre bottier. Greta Garbo lui achète un jour 70 paires d'un seul coup. La Duchesse de Windsor y fait chaque printemps provision de chaussures bicolores.

Ferragamo se définit comme un artisan discipliné, évoluant dans les limites de la mode de son époque. Son originalité, ses fantaisies et sa créativité s'ajoutent à son extraordinaire connaissance technique et lui valent en 1947 le *Neiman Marcus Award*. Près de 20 ans après lui, sa fille Fiamma réédite cet exploit. Salvatore Ferragamo meurt en 1960 en laissant un héritage fabuleux. Un art de faire et la maîtrise de l'excellence restent ses legs les plus précieux. ❖

Sandale avec empeigne formée d'un seul fil de nylon, bride de chevreau doré, talon « F » cunéiforme en bois recouvert de chevreau doré. Sandale créée lors de l'obtention par Ferragamo du prix Neiman Marcus à Dallas.

Salvatore Ferragamo, 1947.

Gracieuseté du Museo Salvatore Ferragamo, Florence.

PÉRUGIA, *l'artiste*

Fils d'émigrants italiens installés à Nice, André Pérugia est, par sa naissance en 1893, l'héritier d'un savoir-faire transmis au fil des générations, la cordonnerie. Fidèle à cette lignée, il reprend la boutique de son père qu'il transforme en véritable atelier d'artiste dès l'âge de 16 ans. Doué et audacieux, il s'emploie avec passion à mettre son talent au service de la société brillante qui fréquente sa ville natale. Présentant ses créations dans les grands hôtels, il ne tarde pas à attirer l'attention d'une clientèle fortunée, dont Paul Poiret. Fasciné, ce dernier fera connaître Pérugia lors d'une présentation de ses modèles agencés aux créations du bottier. Le succès immédiat que connaît alors Pérugia l'amène dès 1921 à s'établir à Paris, faubourg Saint-Honoré. Grâce à son association avec Poiret et à son génie créateur, sa clientèle s'étend jusqu'en Amérique. En 1933, il crée la marque «Padova» destinée au marché américain et diffusée par Saks, Fifth Avenue à New York. Il connaît de plus une association heureuse avec Elsa Schiapparelli qui lui offre la possibilité d'exprimer sa fantaisie mais toujours avec élégance et créativité. Au lendemain de la seconde guerre, Dior, Fath, Balmain, Givenchy et Miller aux États-Unis bénéficient tour à tour de son inspiration intarissable. En 1962, Charles Jourdan s'adjoint l'expertise-conseil de Pérugia afin d'adapter ses brevets, ses inventions et son savoir-faire à une échelle industrielle. Avant de s'éteindre en 1977, il lègue sa collection à l'entreprise comme le témoignage fabuleux d'un parcours créatif exceptionnel.

André Pérugia.
Photo : Anonyme, 1951.
Chaussures. Une fête : escarpins, sandales, chaussons... de Linda O'Keeffe, Könemann, 1997. Reproduction.

Ses créations ingénieuses, dont près de 40 ont été brevetées entre 1921 et 1958, se distinguent d'abord par un agencement de matériaux d'une variété extraordinaire. Les souliers les plus traditionnels sont travaillés et transformés au gré des fantaisies du

Hommage à Picasso.
André Pérugia, vers 1950.
Gracieuseté du Musée Charles-Jourdan, Romans.
Photo : Joël Garnier.

maître. Il n'hésite pas à dorer une peau de serpent ou à poncer et à colorer de couleur vive celle du crocodile, sans oublier l'ornementation qui fait d'un modèle une exclusivité. Par une recherche formelle inspirée, véritable défi aux lois de l'équilibre, il bouleverse l'ordre établi en matière de talons. Un intérêt certain pour la nudité du pied l'entraîne vers un allégement maximal de la tige et la mise au point de la sandale du soir, dont certains modèles sont de véritables œuvres d'art. Novateur sur le plan technique, il donne à la chaussure une impulsion nouvelle.

Raffiné et élégant, il démontre un goût inspiré et original. L'engouement généré par les Ballets russes qui se produisent à Paris depuis 1909 favorise une ouverture sur la sensualité des couleurs et des formes orientalisantes, notamment avec « Schéhérazade » en 1910. Dans l'air du temps, Pérugia s'imprègne de cette influence et orne ses créations d'un bout retroussé ou d'un motif chinois. Le masque vénitien est également un thème récurrent de même que les formes inspirées du Moyen Âge. Amateur d'art et collectionneur éclairé, il emprunte quelques traits au cubisme et utilise certains motifs d'inspiration Art Déco. En 1955, il crée une collection où chaque modèle est un hommage à un peintre du XXe siècle : Braque, Picasso, Léger, etc. Ces chaussures établissent avec force la grandeur de l'artiste. ❖

Sandale du soir en satin
rouge et chevreau or, modèle
créé pour Jacques Fath.
André Pérugia, vers 1953.
Gracieuseté du Musée Charles-
Jourdan, Romans.
Photo : Joël Garnier.

PFISTER, *le marchand de bonheur*

«Marcher Pfister, c'est avoir en permanence le sourire à la pointe de la botte, c'est inventer chaque jour son allure. C'est marcher au soleil même les jours gris. C'est quatre pas dans le bonheur[1]» écrit Jean-Claude Carrière. Les créations de Pfister, en effet, sont colorées et pleines de vie.

Bien qu'il soit né à Pesaro en Italie en 1942, il grandit en Suisse où sa famille s'installe dès 1945. Il revient à Florence pour poursuivre des études universitaires en histoire de l'art. Diplômé à 20 ans de l'Ars Sutoria de Milan, il remporte en 1963 le premier prix au Concours international de modélisme d'Amsterdam, véritable lancement de carrière s'il en est. En 1964, il s'installe à Paris et dessine les chaussures des collections de haute couture de Patou et de Lanvin. En 1965, il lance sa première collection, griffée à son nom. En 1967, une première boutique Andrea Pfister a pignon sur rue à Paris, au 4, rue Cambon. Dès 1968, il loue une petite fabrique à Vigevano en Lombardie qui lui permet de produire ses collections selon des méthodes artisanales. L'année 1974 marque un tournant important sur le plan de la production. Il acquiert sa propre usine où il produit près de 200 paires de chaussures par jour et lance des lignes d'accessoires divers : sacs, ceintures, foulards. En 1987, il ouvre une seconde boutique, via San Andrea à Milan. En 1988, la Fashion Footwear Association de New York et la Fashion Media Association lui décernent la *Grand Fashion Medal of Honor* qui le consacre meilleur dessinateur de chaussures.

Le travail de création d'Andrea Pfister se distingue par une recherche poussée sur la couleur, avec notamment la mise au point de la nuance *Capretto Gala*. C'est toujours par la coloration qu'il entreprend une nouvelle collection. Son travail sur le volume des chaussures et des talons est également remarquable. Ces créations allient esthétique

Andrea Pfister, 1995.
Gracieuseté du Musée Internation
de la Chaussure, Romans.

Mule en chevreau acier métallisé, ornée d'une grosse grappe de raisins en paillettes bleues sur feuille de paillettes nacrées, doublure et première en chevreau argent, haut talon à pans coupés recouvert.
Andrea Pfister, été 1989.
Gracieuseté du Musée International de la Chaussure, Romans, coll. Pfister, 94.22.511.

et originalité mais jamais au détriment du confort. Son association avec la couturière italienne Mariuccia Mandelli, qui crée pour Krizia des modèles pleins d'humour, renforce l'originalité et le côté spirituel des créations de Pfister. Ses modèles expriment un plaisir évident à mordre dans la vie, une gaîté communicative, une énergie qui sollicite le sourire. Ils se déclinent sur des thèmes inspirés tels que les fruits, les fleurs, les animaux, le ciel étoilé, la mer, la musique, Las Vegas. Ornées de perles de verre multicolores, de strass, de paillettes ou de somptueuses broderies, les chaussures féeriques d'Andrea Pfister ont séduit une clientèle admirative et fidèle dont Ursula Andress, Candice Bergen, Jacqueline Bisset, Claudia Cardinale, Cher, Catherine Deneuve, Bo Derek, Linda Evans, Madona, Liza Minelli, Diana Ross, Barbra Streisand, Elizabeth Taylor et Sylvie Vartan. ❖

Botte en daim noir, fente longitudinale à l'arrière de la botte refermée par un patchwork de plastique vinylique transparent et résillé, ponctué de nœuds en taffetas noir. Petit talon recouvert.
Andrea Pfister, hiver 1986-1987.
Gracieuseté du Musée International de la Chaussure, Romans, coll. Pfister, 94.22.418.

VIVIER, *le virtuose*

Roger Vivier naît à Paris en 1907. Fasciné par le music-hall, il occupe ses soirées à faire de la figuration au théâtre de Belleville. En 1924-1925, il étudie la sculpture à l'École des beaux-arts de Paris et apprend le métier dans une usine de souliers appartenant à des amis de sa famille. Puis, il se consacre au dessin de chaussures. Sa rencontre avec Paul Seltenhammer, décorateur de théâtre autrichien, est décisive. Avec lui, il découvre Venise et Berlin et s'ouvre à l'avant-garde artistique et littéraire de son temps. Il crée des chaussures pour Mistinguett et Joséphine Baker. Entre 1934 et 1939, il est patronier modéliste chez Laboremus, antenne française d'une grande tannerie allemande. Il a 20 ans quand il ouvre en 1937 son premier magasin, rue Royale. Il dessine des modèles pour les plus grands fabricants du monde. Parmi eux, l'américain Delman s'assure l'exclusivité des créations de Vivier en Amérique. Démobilisé en 1940, Vivier s'installe à New York à l'invitation de Delman. L'entrée en guerre des États-Unis amène une période de réquisition, notamment sur le cuir. À court de matière première, Vivier s'initie à l'art de la photographie en assistant Georges Hoyningen-Huene, photographe pour *Vogue*. Renouant ainsi avec la mode, il fréquente les artistes européens en exil, Fernand Léger, Max Ernst, Calder, Chagall, etc. Mais Vivier est un créateur et il a besoin de matérialiser ses idées. Suzanne Rémy, émigrée à New York et ancienne première chez Agnès, célèbre modiste parisienne, lui apprend l'art de la chapellerie. «Suzanne et Roger» ont pignon sur Madison Avenue et leur boutique devient le rendez-vous parisien de New York. L'année 1947 ramène Vivier à Paris où il

Roger Vivier.
Photo : Willy Maywald, 1955/DACS (Londres)/SODART (Montréal).

Escarpin du soir en crin blanc doublé de tulle jaune pâle, brodé de paillettes or, bout pointu arrondi, talon virgule.
Roger Vivier, 1963.
Musée de la mode Galliera, Paris, 1977.043.002.
Photo : Pierrain/Photothèque des musées de la ville de Paris.

fait la connaissance de Christian Dior. Dès 1953, il crée les chaussures de ses collections. Fort du succès rencontré dans le « sur-mesure », il élabore l'idée novatrice d'un département de souliers « prêts à porter ». En 1954, il impose un talon effilé de sept à huit centimètres et donne naissance au talon aiguille. Le talon de Vivier ne cesse de subir les inspirations de maîtres. L'aiguille cède ainsi au talon toupie dans les collections de 1957, puis 1959 voit l'apparition du fameux talon choc, incurvé vers l'intérieur et défiant avec audace les forces de la gravité. En 1963, Vivier ouvre sa propre boutique au 24, rue François 1er. Le talon virgule distingue alors ses escarpins somptueux. En 1965, il crée pour Yves Saint-Laurent un escarpin à talon bottier, carré, orné d'une boucle de métal or vendu à des dizaines de milliers d'exemplaires. En 1970, la mode hippie lui inspire des cuissardes en synthétique qui obtiennent la faveur de Bardot et des adeptes de la minijupe. Virtuose de la chaussure du XXe siècle, son regard avant-gardiste sur la mode lui vaut d'être associé aux plus grandes maisons de couture françaises et aux fabricants les plus réputés du monde. Bottier audacieux, il allie avec splendeur le raffinement extrême et la fantaisie pour créer des modèles somptueux dont la richesse du décor affirme la griffe et fait de ses chaussures de véritables bijoux. Vibrantes de sensualité et de magnétisme, elles s'exhibent, fabuleuses, à la faveur des collectionneurs avisés et des plus grands musées du monde. ❖

Sandale du soir en satin rose brodé d'une fleur en relief, bout pointu, talon aiguille.

Roger Vivier, 1963.

Musée de la mode Galliera, Paris, 1977.043.007.
Photo : Pierrain/Photothèque des musées de la ville de Paris.

WESTWOOD, *l'excentrique*

Styliste autodidacte britannique née en 1941, Vivienne Westwood crée des chaussures en association avec ses collections de prêt-à-porter. À ses débuts en 1971, elle s'associe à Malcolm McLaren et tient une boutique, *Paradise Garage*, destinée à la revente de disques rock des années 1950-1960. Dans l'arrière-boutique *Let it Rock*, elle vend des vêtements de teds, mouvement issu de l'univers rock'n'roll américain des années 1950. L'année suivante, le duo adopte un style rocker plus dur, offrant des vêtements de cuir cloutés et zippés. Précurseurs du mouvement *hard rock* des années 1980, ils récupèrent un slogan sur un blouson de motard pour en faire l'enseigne de leur boutique : *Too fast to live, too young to die*. En 1974, *Sex*, en lettres rose vif, remplace ce slogan et coiffe les vitrines qui proposent à la manière d'un sex-shop tous les attributs vestimentaires fétichistes : combinaisons de latex, imprimés pornographiques, baudriers de cuir. Trois ans plus tard, la boutique maintenant baptisée *Seditionaries* vend des vêtements lacérés, entravés par des sangles et des boucles. Le groupe *Sex Pistols* entre autres adopte ce *bondage-look* qui connaît un succès grandissant. À l'avant-garde de l'esthétique punk, Westwood conserve cette signature encore quelques années avant de rebaptiser la boutique *World's End*. Sa collection *Pirate* s'inscrit dans le mouvement néo-romantique naissant qui se déploie alors dans les grandes villes du Royaume-Uni. L'année 1982 voit ses créations défiler sur les podiums, fixant désormais sa griffe sous son propre nom. Depuis 1983, elle présente ses collections à Paris. L'association Westwood-McLaren prend fin en 1984.

Vivienne Westwood inaugure sa première boutique aux États-Unis (11 février 1999). La célèbre styliste britannique dans son magasin de New York.
SYGMA/PAGE GREGORY.

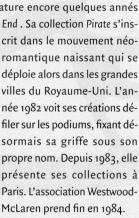

Bottes aux genoux lacées, noires et robe en fourrure avec étole.
Vivienne Westwood, automne-hiver 1995-1996.
Gracieuseté de Vivienne Westwood, Londres, coll. Gold Label, 66.

On la reconnaît comme une précurseure dans le monde de la mode. Elle se plaît à provoquer et défier les conventions, lançant les tendances, sans cesse reprises par d'autres. Avec la collection *Buffalo*, hiver 1982-1983, elle préconise les superpositions et les dessous portés dessus. Avec la collection *Mini-Crinnie*, printemps-été 1986, elle lance les semelles compensées. Elle est la première à inscrire l'idée du fétichisme dans le prêt-à-porter de luxe. Sa griffe démontre audace et intelligence en utilisant de façon très personnelle des références historiques. Originale, inventive et toujours ironique, en quête de nouveaux procédés, elle utilise de plus en plus d'éléments

Bottine lacée noire, avec deux revers.
Vivienne Westwood, printemps-été 1994.
Gracieuseté de Vivienne Westwood, Londres,
coll. Café Society.

de couture : mousselines, fausses fourrures, bustiers XVIIIe et jupes à tournures, mais dans un langage unique, toujours d'avant-garde. Elle est nommée créatrice de l'année en 1990 et 1991. La reine Elisabeth II la fait officier de l'Empire britannique en 1992. Westwood diffuse son prêt-à-porter dans ses locaux londoniens où elle propose également une ligne de robes de mariée.

Escarpins plate-forme en cuir
vernis noir, semelle relevée
à l'avant, très haut talon.
Vivienne Westwood, vers 1990.
Musée de la mode Galliera, Paris,
1991.311.002 A/B.
Photo : Pierrain/Photothèque
des musées de la ville de Paris.

Au cours de la dernière décennie, elle dessine avec son collaborateur Murray Blewett des chaussures extrêmes empruntant largement au répertoire des formes fétichistes. À l'instar de ses vêtements originaux, ses chaussures mettent le corps en scène forçant les postures parodiques et s'inscrivant parfaitement dans son esthétique où la démesure ignore le scandale et où, ironiquement, cohabitent tabous et traditions. ◈

YANTORNY, *le magnifique*

Pietro Yantorny[2] s'inscrit sur une des premières pages de l'histoire de la chaussure au XXe siècle. Il associe élégance rare à une facture résolument unique. Bien que les avancées techniques aient promu la production de la chaussure au rang de l'industrie depuis quelques décennies déjà, la mode et le raffinement demeurent encore l'apanage d'artisans renommés. Yantorny fait partie de ces passionnés qui se glissent dans la mémoire pour y laisser une empreinte indélébile.

Bottier de génie, il demeure cependant un personnage énigmatique, préférant l'ombre à l'éclat des projecteurs. Il incarne la passion pure, l'intelligence des règles de l'art. Si peu de détails subsistent de sa vie, en revanche, les chaussures qui portent sa griffe témoignent avec éloquence de sa rigueur et de sa distinction. Selon l'historien Colin McDowell, il serait né à Calabre en 1890 de parents indonésiens. Conservateur du Musée de Cluny, il fabrique des chaussures durant ses loisirs pour une clientèle qu'il sélectionne avec soin. Son atelier, situé dans un entresol de la Place Vendôme à Paris, est identifié par une plaque sur laquelle on peut lire «Bottier le plus cher du monde». En effet, un acompte de mille dollars doit accompagner chaque com-

Malle de chaussures de soirée Pietro Yantorny, vers 1915.
Heavenly Soles. Extraordinary Twentieth-Century Shoes *de Mary Trasko, Abbeville Press, 1989.*
Reproduction. Photo : Jack Carroll.
Photo : Jack Carroll.

Chaussure de soirée Pietro Yantorny,
avec broderie et dentelle.

Photo : Cindy Sirko.
Heavenly Soles. Extraordinary Twentieth-
Century Shoes de Mary Trasko, Abbeville
Press, 1989. Reproduction.

mande. Les délais peuvent atteindre jusqu'à deux ans pour celles qui
ont le privilège de pouvoir s'offrir l'élégance suprême, Nancy Lancaster
et Millicent Rogers. Rita de Acosta Lydig, décrite par Diana Vreeland
comme étant « la femme la plus élégante de tous les temps », commande près de 300 paires.

Yantorny ne reçoit que sur rendez-vous. En plus de prendre les
mesures détaillées des pieds d'une nouvelle cliente, il en fait un mou-
lage de plâtre. Puis, la faisant déambuler pieds nus, il observe la
manière dont le poids du corps se répartit sur le pied. Amateur et fin
connaisseur de tissus anciens, il n'hésite pas à s'en procurer aux puces
ou auprès de collectionneurs pour en garnir ses créations. Ainsi, dentelles et brocarts parent avec goût des chaussures inspirées qui s'ajus-
tent à la perfection. Une boucle de strass fixée sur une langue aux
courbes montantes raffine encore le cou-de-pied.

Mercedes de Acosta accompagne souvent sa sœur chez ce bottier
ascétique et passionné. Yantorny admire la ferveur perfectionniste de
sa cliente qui, elle, est séduite par l'attitude créatrice du maître. Il
crée des chaussures exquises avec des velours médiévaux, des draps
d'or, des lamés argent et des applications de dentelles. De son côté,
Madame Lydig achète des violons dont il récupère le bois pour faire
des embauchoirs ultralégers. Puis, ne pouvant se séparer de ses
chaussures, elle fait fabriquer des malles à Saint-Petersbourg, en cuir
de Russie doublé de velours crème afin qu'elles l'accompagnent partout. Un exemplaire de ces malles fait partie de la collection du
Metropolitan Museum of Art, Costume Institute de New York, où se
trouve le plus important fonds de chaussures Yantorny à être conservé
par un musée. ❧

Annexes

Notes

Introduction

1. Marie-Thérèse Duflos-Priot, « L'apparence et son bon usage dans la vie quotidienne et la presse magazine », *Les Cahiers de L.E.R.S.C.O.*, n° 9 (janv. 1987), Nantes, p. 10.

2. David LeBreton, *Sociologie du corps*, Paris, Presses universitaires de France, 1994, 2ᵉ éd. corr., 1992, p. 97.

3. Michèle Pagès-Delon, *Le corps et ses apparences, l'envers du look*, Paris, Éditions de l'Harmattan, 1989, p. 6.

4. *Ibid.*, p. 10.

Chapitre 1

1. David Le Breton, *Les passions ordinaires : Anthropologie des émotions*, Paris, Armand Colin/Masson, 1998, p. 37.

2. Georg Simmel, « Essai sur la sociologie des sens », *Sociologie et épistémologie*, 2ᵉ édition, Paris, Presses universitaires de France, 1991, p. 22.

3. *Ibid.*, p. 228.

4. David Le Breton, *op. cit.*, p. 177.

5. Gustave Flaubert, *Madame Bovary*, Paris, L'Univers des Livres/Presses de la Renaissance, 1976, p. 22.

6. Sylvie Germain, *Nuit-d'Ambre*, Paris, Gallimard/Lacombe, 1987, p. 147-148.

7. *Ibid.*, p. 260-261.

8. David Le Breton, *Les passions ordinaires. Anthropologie des émotions*, Paris, Armand Colin/Masson, 1998, p. 123.

9. Diane Ackerman, *Le livre des sens*, Paris, Bernard Grasset, 1991, p. 17.

10. David Le Breton, *Anthropologie du corps et modernité*, Paris, Presses Universitaires de France, 1990, p. 118.

11. *Ibid.*, p. 122.

12. Diane Ackerman, *Le livre des sens*, Paris, Bernard Grasset, 1991, p. 22.

13. Gustave Flaubert, *Madame Bovary*, Paris, L'Univers des Livres/Presses de la Renaissance, 1976, p. 295.

14. William Rossi, *Érotisme du pied et de la chaussure*, Paris, Payot, 1978, p. 188.

15. Rachel Gayman, « Rien ne remplace le cuir », *La Revue Moderne*, juin 1951, p. 30.

Chapitre 2

1. Colin McDowell, *Haute pointure : Histoires de chaussures*, Paris, Robert Laffont, 1989 , p. 91.

2. Maguelone Toussaint-Samat, *Histoire technique et morale du vêtement*, Paris, Bordas, 1990, p. 412.

3. Marie-Josèphe Bossan, *Musée International de la Chaussure*, Romans, Association des Amis du Musée International de la Chaussure, 1992, 71 p.

4. Voir à ce sujet l'article de Bernard Berthod, « Chaussures et souliers ecclésiastiques », *La chaussure. Revue de l'Institut de calcéologie*, n° 5, 1997, p. 37-41.

5. *Le Petit Robert. Dictionnaire de la langue française*, 1993, p. 1670.

6. Christophe François, *Pieds et chaussures : Confort, beauté, érotisme*, Paris, Éditions Josette Lyon, 1999, p. 97-98.

7. En 1993, paraît aux Éditions Julliard, Paris, l'ouvrage du journaliste Philippe Lefait et du photographe Hervé Bacquer, dont nous empruntons ici le titre. Passionnés de chaussures, ils ont mis en commun leur désir d'aller plus loin que le simple regard porté aux choses et de livrer par des témoignages une véritable sociologie de la chaussure. Un peu plus loin, nous avons fait une sélection de témoignages recueillis en fonction des valeurs exprimées et perçues à propos de la chaussure.

8. Paul et Jacqueline Galmiche, *La saga du pied*, Paris, Erti, 1983, p. 121.

Chapitre 3

1. Jean Baudrillard, *De la séduction : L'horizon sacré des apparences*, Paris, Éditions Galilée, 1979, p. 17.

2. *Ibid.*, p. 17.

3. *Ibid.*, p. 17.

4. *Ibid.*, p. 36.

5. Cité dans Jean Baudrillard, *op. cit.*, p. 94.

6. André Rauch, « Parer, paraître, apparaître. Histoire de la présence corporelle », *Ethnologie française*, vol. XIX, n° 2, 1989, p. 144.

7. William Rossi, *op. cit.*, p. 7.

8. *Ibid.*, p. 7 et 12.

9. Valérie Steele, *Chaussures, langages du style*, Paris, Éditions du collectionneur, 1999, p. 114 et 117.

10. William Rossi, *op. cit.*, p. 23-24.

11. Jean-Marie Brohm, « Le corps : un paradigme de la modernité », *Actions et recherches sociales. Corps et modernité*, mars 1985, n° 1, Nouvelle série, vol. 18, p. 18.

12. Arnold Lebeuf, « La pantoufle de Cendrillon, pied nu, pied chaussé », *La chaussure, Revue de l'Institut de calcéologie, association nationale pour l'étude de la chaussure*, bulletin n° 5, 1997, p. 54.

13. William Rossi, *op. cit.*, p. 146.

Chapitre 4

1. Yvonne Deslandres, « Le talon et la mode », *Institut de calcéologie. Association nationale pour l'étude de la chaussure*, Bulletin n° 1, 1982, p. 32-35.

2. *Ibid.*, p. 32.

3. *Ibid.*, p. 33.

4. Linda O'Keeffe, *Une fête : escarpins, sandales, chaussons… chaussures*, Cologne, Köneman, 1997, p. 350-351.

5. Huguette Oligny, « La mode », *La Revue Moderne*, juillet 1940, p. 24.

6. Liliane Landry, « Talons hauts », *La Revue Moderne*, juin 1947, p. 77.

7. « La fièvre monte à Paris et les ourlets aussi », *Châtelaine*, avril 1967, p. 22.

8. « Habillez vos robes de fantaisies », *Châtelaine*, mai 1970, p. 36.

9. Yvonne Deslandres, *loc. cit.*, p. 35.

10. Liliane Landry, *loc. cit.*, p. 77.

11. William Rossi, *op. cit.*, p. 112.

12. Valérie Steele, *Fétiche : Mode, sexe et pouvoir*, Paris, Éditions Abbeville, 1997, p. 89.

13. Linda O'Keeffe, *op. cit.*, p. 72.

14. William Rossi, *op. cit.*, p. 114.

15. John-Carl Flügel, *Le rêveur nu. De la parure vestimentaire*, Paris, Éditions Aubier Montaigne, coll. « Psychanalyse prise au mot », 1982, 243 p. Cité dans William Rossi, *op. cit.*, p. 115.

16. Colin McDowell, *Haute pointure : Histoires de chaussures*, Paris, Éditions Robert Laffont, 1989, p. 64.

17. Valérie Steele, *op. cit.*, p. 107.

Chapitre 5

1. William Rossi, *op. cit.*, p. 88.

2. Bruno Remaury, dir., *Dictionnaire de la mode au XXe siècle*, Paris, Éditions du regard, 1996, p. 197.

3. *Le Petit Robert*, *op. cit.*, p. 461.

4. Valérie Steele, *op. cit.*, p. 106.

5. *Ibid.*, p. 107.

6. William Rossi, *op. cit.*, p. 84.

7. Joan Darcy, « Le soulier à la mode », *La Revue Moderne*, novembre 1948, p. 37.

8. William Rossi, *op. cit.*, p. 84.

9. Restif de La Bretonne, *Le Pied de Fanchette ou le Soulier Couleur de Rose*, Paris, Les Éditions d'Aujourd'hui, 1976, p. 90.

10. « Les vêtements de nuit et la jolie lingerie », *La Revue Moderne*, avril 1928, p. 40.

11. Bruno Remaury, dir., *op. cit.*, p. 408.

12. Manolo Blahnik, Extrait de *Vogue*, janvier 1986, p. 186. Cité dans Valérie Steele, *op. cit.*, p. 67.

13. Gustave Flaubert, *op. cit.*, p. 292.

14. Barbara Léa Parent, « A Mule is a Mule is a Mule », *Speak Style*, n° 2, hiver 1998.

15. « Le soulier à l'unisson de la toilette et des circonstances accuse la note de la suprême élégance », *La Revue Moderne*, mai 1928, p. 29.

16. « Dans la note de la nouvelle saison », *La Revue Moderne*, novembre 1928, p. 20.

17. « La femme chez elle, Un peu de tout. Suivre la mode », *La Revue Moderne*, août 1936, p. 39.

18. « En fin de semaine ! », *La Revue Moderne*, juillet 1937, p. 22.

19. « Y pense-t-on assez ? Le soin des pieds », *La Revue Moderne*, juillet 1938, p. 49.

20. Lucienne, « Vingt doigts gracieux », *La Revue Moderne*, février 1943, p. 22 et 30.

21. Charles Baudelaire, « Le Fanfarlo », *Essais et nouvelles*, *Œuvres complètes*, Dijon, Gallimard, 1975, p. 572.

22. Paul et Jacqueline Galmiche, *op. cit.*, p. 147.

23. Philippe Perrot, *Les dessus et les dessous de la bourgeoisie : Une histoire du vêtement au XIXᵉ siècle*, Paris, Fayard, 1981, p. 21.

24. Restif de La Bretonne, *op. cit.*, p. 29.

25. « Paris rajeunit », *Châtelaine*, octobre 1962, p. 15.

26. « Paris 1964. Mode et beauté des temps froids », *Châtelaine*, octobre 1963, p. 16.

27. « Un bilan des jours heureux », *Châtelaine*, janvier 1964, p. 8.

28. « Les collections parisiennes : Jeunesse, géométrie, plumes et fourrures », *Châtelaine*, octobre 1965, p. 37.

29. Vivian Wilcox, « La mode à l'heure de Paris », *Châtelaine*, octobre 1966, p. 14-16.

30. Laurette Tougas, « Aux mille trouvailles : La femme bien bottée », *Châtelaine*, novembre 1967, p. 4.

31. « Paris haute couture », *Châtelaine*, octobre 1967, p. 102.

32. « Alta Moda Roma » *Châtelaine*, novembre 1967, p. 9-10.

33. « La mode ce mois-ci », *Châtelaine*, août 1970, p. 4.

34. « La nouvelle silhouette : Versions des audacieuses », *Châtelaine*, août 1970, p. 24-29.

Chapitre 6

1. Colin McDowell, *Histoire de la mode masculine*, Paris, Éditions de La Martinière, 1997, p. 31.

2. Le style Winkle Picker, avec un bout extrêmement long et qui a connu une énorme vogue en Europe et en Amérique dans les années 1950, était un modèle atténué de la poulaine et il évoquait le même symbolisme phallique.

3. Colin McDowell, *Haute pointure : Histoires de chaussures*, Paris, Robert Laffont, 1989, p. 30.

4. John-Carl Flügel, *op. cit.*, p. 102-103.

5. *Ibid.*

6. Fred Astaire dansait, dit-on, avec des escarpins trop petits d'une demi-pointure.

7. Voir William Rossi, *op. cit.*, p. 99 et s.

8. Colin McDowell, *op. cit.*, p. 31.

9. Marie-Josèphe Bossan, *op. cit.*, p. 29.

10. Jean-Paul Roux, *La chaussure*, Paris, Atelier Hachette/Massin, 1980, p. 15.

11. Colin McDowell, *Histoire de la mode masculine*, Paris, Éditions de La Martinière, 1997, p. 56.

12. *Ibid.*, p. 105.

13. *Ibid.*, p. 107.

14. Joseph Nathan, *Uniforms and Nonuniforms : Communication Through Clothing*, Westport (Connecticut), Greenwood Press, 1986, p. 122-125.

15. Colin McDowell, *op. cit.*, p. 77.

16. *Ibid.*, p. 78.

17. *Ibid.*, p. 68.

Les designers

1. Jean-Claude Carrière. « Andrea Pfister : le sourire à la pointe de la botte », *Andrea Pfister. Trente ans de création*, Paris, Éditions Plume, 1995, p. 7.

2. La graphie de ce nom connaît autant de variantes que le nombre d'auteurs qui l'ont mentionné. Nous avons opté pour celle qu'utilise le Metropolitan Museum of Art, Costume Institute qui détient la majeure partie des chaussures de ce créateur.

Pour en savoir plus

Ouvrages généraux

DESCARTES, René, *Discours sur la méthode*, Paris, Livre de poche, 1970, 254 p.

DELPIERRE, Madeleine, *Le costume : consulat-empire*, Paris, Flammarion, coll. « La grammaire des styles », 1990, 63 p.

——, *Le costume : de 1914 aux années folles*, Paris, Flammarion, coll. « La grammaire des styles », 1990. 63 p.

——, *Le costume : la haute couture de 1940 à nos jours*. Paris, Flammarion, coll. « La grammaire des styles », 1991. 63 p.

DUPRÉ, Céline *et al.*, *Vocabulaire de la chaussure : français-anglais*. [Québec], Gouvernement du Québec, Office de la langue française, coll. « Cahiers de l'Office de la langue française. Terminologie technique et industrielle », 1982, 47 p.

KYBALOVA, Ludmila, Olga HERBEROVA et Milena LAMAROVA, *Encyclopédie illustrée du costume et de la mode*, Paris, Gründ, 1970, 600 p.

LELOIR, Maurice, *Dictionnaire du costume et de ses accessoires, des armes et des étoffes, des origines à nos jours*, Paris, Gründ, 1951, p. 182.

REMAURY, Bruno (dir.), *Dictionnaire de la mode au XXᵉ siècle*, Paris, Éditions du Regard, 1996, 589 p.

Études

L'album du Musée de la mode et du textile. Publié à l'occasion de l'ouverture du Musée de la mode et du textile dans une aile du palais du Louvre, Paris, Réunion des musées nationaux et de l'Union centrale des arts décoratifs, 1997, 159 p.

Andrea Pfister : trente ans de créations, Paris, Éditions Plume, 1995, 122 p.

ACKERMAN, Diane, *Le livre des sens*, Paris, Bernard Grasset, 1991, 384 p.

BACQUER, Hervé et Philippe LEFAIT, *Des souliers et des hommes*, Paris, Julliard, 1993, 266 p.

BAUDOT, François, *Salvatore Ferragamo*, Paris, Éditions Assouline, coll. « Mémoire des Marques », 2000, 79 p.

BAUDRILLARD, Jean, *De la séduction : l'horizon sacré des apparences*. Paris, Éditions Galilée, coll. « L'Espace critique », 1979, 248 p.

BOSSAN, Marie-Josèphe, *Musée International de la Chaussure, Romans*. Romans, Association des amis du Musée International de la Chaussure, 1992, 71 p.

BURATTO CAOVILLA, Paola, *Shoes, Objects of Art and Seduction*, Milan, Skira Editore, 1998, 189 p.

CORBIN, Alain, *Le miasme et la jonquille : l'odorat et l'imaginaire social, XVIIIᵉ et XIXᵉ siècles*, Paris, Aubier Montaigne, 1982, 334 p.

DESLANDRES, Yvonne. *Le costume, image de l'homme*, Paris, Albin Michel, coll. « L'aventure humaine », 1976, 298 p.

DRIANCOURT, Christophe *et al.*, *Les mythes masculins*, Boulogne, Éditions La Sirène, 1995, non paginé.

FLEET, Richard, *La séduction : vérités et mensonges*, Montréal, Libre Expression, 2000, 262 p.

FLÜGEL, John Carl, *Le rêveur nu : de la parure vestimentaire*, traduit de l'anglais par Jean-Michel Denis, présentation de René Major, Paris, Aubier Montaigne, coll. « Psychanalyse prise au mot », 1982 (1930), 242 p.

FRANÇOIS, Christophe, *Pieds et chaussures : Confort, beauté, érotisme*, Paris, Josette Lyon, coll. « Les 500 conseils du podologue et du chausseur », 1999, 286 p.

GALMICHE, Paul et Jacqueline, *La saga du pied*, Paris, Erti, 1983, 191 p.

GIROTTI, Eugenia, *La calzatura. Storia e costume/Footwear. History of customs*, Milan, BE-MA Editrice, 1986, 143 p.

GREW, Francis et Margrethe DE NEERGAARD, *Shoes and Pattens, Medieval finds from excavations in London*, Londres, London Museum, Her Majesty Stationery Office, 1988, 143 p.

HEYRAUD, Bertrand, 5000 ans de chaussures, Bournemouth (Angleterre), Éditions Parkstone, 1994, 187 p.

LE BRETON, David, Anthropologie du corps et modernité, Paris, Presses universitaires de France, coll. « Sociologie d'aujourd'hui », 1990, 263 p.

——, Corps et sociétés : Essai de sociologie et d'anthropologie du corps, Paris, Librairie des Méridiens, coll. « Sociologies au quotidien », 1985, 230 p.

——, Les passions ordinaires : Anthropologie des émotions, Paris, Armand Colin/Masson, coll. « Chemins de traverse », 1998, 223 p.

——, Sociologie du corps, 2ᵉ éd. corr., Paris, Presses universitaires de France, coll. « Que sais-je ? », nᵒ 2678, 1994 (1992), 127 p.

MARTIN, Richard et Harold KODA, Jocks and Nerds : Men's Style in the Twentieth Century, New York, Rizzoli, 1989, 223 p.

MAZZA, Samuele, Magli, Storia e immagini di una dinastia, Milan, Leonardo Arte, 1996, n.p.

——, Cinderella's Revenge, San Francisco, Chronicle Books, 1994.

——, Sergio Rossi, Milan, Leonardo Arte, 1997, non paginé.

McDOWELL, Colin, Haute pointure : Histoires de chaussures, Paris, Robert Laffont, 1989, 224 p.

——, Histoire de la mode masculine, Paris, Éditions de La Martinière, 1997, 208 p.

——, Manolo Blahnik, Londres, Cassell & Co, 2000, 200 p.

MUSEO SALVATORE FERRAGAMO, Scarpe E Piedi Famosi Dall'autobiografia di Salvatore Ferragamo/ Shoes and Famous Feet from the Autobiography of Salvatore Ferragamo, Milan, Leonardo Arte et Stefania Ricci, 2000, 173 p.

NATHAN, Joseph, Uniforms and Nonuniforms : Communication Through Clothing, Westport (Connecticut), Greenwood Press, coll. « Contributions in sociology », nᵒ 61, 1986, 248 p.

O'KEEFFE, Linda, Une fête : escarpins, sandales, chaussons… Chaussures, Cologne, Köneman, 1997, 509 p.

PAGÈS-DELON, Michèle, Le corps et ses apparences : L'envers du look, Paris, Éditions de L'Harmattan, coll. « Logiques sociales », 1989, 174 p.

PATTISON, Angela et Nigel CAWTHORNE, A Century of Shoes : Icons of Style in the XXᵗʰ Century, Quarto Publishing, Londres, Prospero Books, 1998, 160 p.

PERROT, Philippe, Le travail des apparences : le corps féminin, XVIIIᵉ - XIXᵉ siècles, Paris, Seuil, coll. « Points », série « Histoire », H 141, 1984, 291 p.

——, Les dessus et les dessous de la bourgeoisie : Une histoire du vêtement au XIXᵉ siècle, Paris, Fayard, 1981, 344 p.

POLHEMUS, Ted, Streetstyle, publié en association avec l'exposition Streetstyle tenue au Victoria and Albert Museum, Londres, du 16 novembre 1994 au 19 février 1995, Londres, Thames and Hudson, 1994, 144 p.

PRATT, Lucy et Linda WOOLLEY, Shoes, Londres, Victoria and Albert Publications, 1999, 128 p.

PREMEL, Odile, André Pérugia, Paris, collection privée Charles Jourdan, s.d.

PROVOYEUR, Pierre, Vivier, Paris, Éditions du Regard, 1991, 229 p.

RICCI, Stefania et Edward MAEDER, Salvatore Ferragamo : The Art of the Shoe, 1898-1960, exposition du Los Angeles County Museum of Art, New York, Rizzoli International Publications inc. and Salvatore Ferragamo, Firenze S.P.A., 1992, 240 p.

ROSSI, William, Érotisme du pied et de la chaussure, Paris, Payot, 1978, 228 p.

ROUX, Jean-Paul, La chaussure, Paris, Hachette/Massin, 1980, 119 p.

SERRES, Michel, Philosophie des corps mêlés : Les cinq sens, Paris, Bernard Grasset, 1986 (1985).

SIMMEL, Georges, « Essai sur la sociologie des sens », Sociologie et épistémologie, 2ᵉ éd., Paris, Presses universitaires de France, coll. « Sociologies », 1991, (1981), p. 223-238.

SOUZENELLE, Annick de, Le symbolisme du corps humain, Paris, Éditions Albin Michel, coll. « Espaces libres », 1991, 467 p.

STEELE, Valerie, Chaussures. Langage du style, Paris, Éditions du Collectionneur, 1999, 192 p.

——, Fétiche, mode, sexe et pouvoir, Paris, Éditions Abbeville, 1997, 205 p.

——, Women of Fashion : Twentieth Century Designers, New York, Rizzoli, 1991, 224 p.

SWANN, June, *Shoes*, Londres, B. T. Batsford, coll. «Costume accessories series», 1982, 96 p.

THÉVENET, Jean-Marc, *Rêves de pompes, pompes de rêve : de la Doc Martens à la Weston, les chaussures qui font craquer les hommes*, Paris, First, 1988, 119 p.

TOUSSAINT-SAMAT, Maguelonne, *Histoire technique et morale du vêtement*, Paris, Bordas, coll. «Cultures», 1990, 470 p.

TRASKO, Mary, *Heavenly Soles, Extraordinary Twentieth Century Shoes*, New York, Abbevile Press, 1989, 131 p.

VASS, László et Magda MOLNÁR, *La chaussure pour homme faite main*, Cologne, Könemann, 1999, 215 p.

VINCENT-RICARD, Françoise, *Raison et passion. Langages de société : la mode 1940-1990*, Paris, Textile/Art/Langage, 1983, 234 p.

Périodiques

Anthropologie et sociétés, «Les cinq sens», vol. 14, n° 2, 1990.

Bulletin de l'Institut de calcéologie. Association nationale pour l'étude de la chaussure, Romans, 1982, revue n° 1, 59 p.

Ibid., 1984, revue n° 2, 54 p.

Ibid., 1986, revue n° 3, 48 p.

Ibid., s.d., revue n° 4, 36 p.

La chaussure. Revue de l'Institut de calcéologie. Association nationale pour l'étude de la chaussure, Romans, n° 5, 1997, 95 p.

DESLANDRES, Yvonne, «Le talon et la mode», *Institut de calcéologie. Association nationale pour l'étude de la chaussure*, Bulletin n° 1 (1982), p. 32-35.

DUFLOS-PRIOT, Marie-Thérèse, «L'apparence et son bon usage dans la vie quotidienne et la presse magazine», *Les Cahiers de L.E.R.S.C.O.*, n° 9 (janv. 1987), Nantes, p. 10.

——, «Le bon usage de l'apparence. Normes sociales d'apparence et systèmes de valeurs dans la presse magazine», *Anthropologie des techniques du corps*, Actes du Colloque international organisé par la revue S.T.A.P.S., 14-16 mars 1984, La Gaillarde, Saint-Aigulf, p. 359-366.

——, «Paraître et vouloir paraître. La communication intentionnelle par l'apparence», *Ethnologie française*, tome 6, n°s 3-4, 1976, p. 249-264.

LEBEUF, Arnold, «La pantoufle de Cendrillon, pied nu, pied chaussé», *La chaussure*, Revue de l'Institut de calcéologie, Association nationale pour l'étude de la chaussure, Bulletin n° 5 (juin 1997), p. 54.

Œuvres littéraires

DE LA BRETONNE, Restif, *Le pied de Fanchette ou Le Soulier couleur de rose*, Paris, Les Éditions d'Aujourd'hui, coll. «Les Introuvables», 1976, 299 p.

FLAUBERT, Gustave, *Madame Bovary*, Paris, L'Univers des Livres/Presses de la Renaissance, 1976, 295 p.

GERMAIN, Sylvie, *Nuit-d'Ambre*, Paris, Gallimard/Lacombe, 1987, 360 p.

TOURNIER, Michel, *Vendredi ou Les Limbes du Pacifique*, Paris, Éditions de Minuit, coll. «Folio», n° 959, 1969, 283p.

Table des matières

IMPRESSION
MÉTROLITHO

Imprimé au Canada